全彩图解第 2 版

健美健身运动系统训练

[美] 尼克·伊万斯（Nick Evans） 著

张嘉源 译

人民邮电出版社

北 京

图书在版编目（CIP）数据

健美健身运动系统训练：全彩图解第2版 / （美）伊
万斯（Evans, N.）著；张嘉源译. -- 北京：人民邮电
出版社，2016.6
ISBN 978-7-115-42007-7

Ⅰ. ①健… Ⅱ. ①伊… ②张… Ⅲ. ①健身运动－运
动训练②健美运动－运动训练 Ⅳ. ①G883

中国版本图书馆CIP数据核字(2016)第072611号

免责声明

本书内容旨在为大众提供有用的信息。所有材料（包括文本、图形和图像）仅供参考，不能用于对特定疾病或症状的医疗诊断、建议或治疗。所有读者在针对任何一般性或特定的健康问题开始某项锻炼之前，均应向专业的医疗保健机构或医生进行咨询。作者和出版商都已尽可能确保本书技术上的准确性以及合理性，且并不特别推崇任何治疗方法、方案、建议或本书中的其他信息，并特别声明，不会承担由于使用本出版物中的材料而遭受的任何损伤所直接或间接产生的与个人或团体相关的一切责任、损失或风险。

内 容 提 要

本书使用全彩专业人体肌肉解剖图，分步骤图解了100个健身房锻炼动作以及近100个变化动作，每种训练动作都包括训练步骤、主要肌群、辅助肌群、手间距、握式、运动轨迹、运动范围、身体姿势等技术要点，帮助练习者全面掌握健身器械的使用。除了完善训练动作，本书还提供了高级技巧的应用方法，帮助练习者调整握杆方式、调整脚部位置、改变身体姿势等，以达到最佳锻炼效果，最终实现定制般的身材。

- ♦ 著　　　　[美]尼克·伊万斯（Nick Evans）
- 译　　　　张嘉源
- 责任编辑　李 璇
- 责任印制　周昇亮
- ♦ 人民邮电出版社出版发行　　北京市丰台区成寿寺路 11 号
- 邮编　100164　　电子邮件　315@ptpress.com.cn
- 网址　https://www.ptpress.com.cn
- 涿州市般润文化传播有限公司印刷
- ♦ 开本：700×1000　1/16
- 印张：15　　　　　　　　2016 年 6 月第 1 版
- 字数：270 千字　　　　　2025 年 8 月河北第 33 次印刷
- 著作权合同登记号　图字：01-2015-6186 号

定价：58.00 元

读者服务热线：(010)81055296　印装质量热线：(010)81055316
反盗版热线：(010)81055315

作者简介

尼克·伊万斯，BSc，MD，FRCS（Orth），专业从事运动创伤的外科医生。求学于伦敦大学医学专业，并在威尔士大学医院接受骨外科矫形培训。伊万斯还曾在南加州运动医学中心以及洛杉矶加利福尼亚大学学习关节镜手术技术。

伊万斯在力量训练、营养以及重力训练损伤方面是权威的专家。他还是肌肉骨骼解剖方面的专家，同时撰写出版了大量的科学出版物。

伊万斯撰写出版了《男士身体塑形》，同时还担任国际 MuscleMag 以及女性有氧健身的专栏作家。另外，伊万斯还录制了一些重量训练的讲解 DVD。

现居住于英国北约克郡。

目　录

前 言

如今，走进健身房，你会觉得自己进入了健身爱好者的迪士尼乐园。你会发现房间内一排一排地摆满了各种训练器械以及适用于身体每寸肌肉的各种规格的杠铃。你所面临的挑战是穿过这重重迷宫般的器械，挑选一种自己需要的器械进行练习，鼓足勇气穿梭在健身房内，坚持到最后。这样做的好处是：坚持到最后的胜利者将练就一身量身定做般的好身材。缺点在于：没有指导，缺少说明，无图像参照，无规则限制。因此，在没有任何引导的情况下，你注定徘徊在健身房内，不知如何开始。

今天，你的好运就要降临了，因为你找到了那块丢失的拼图。这本书对健身房内的每项练习都进行了详细的说明。不信你打开看看，翻开任意一页，你会发现每项运动都有详细的说明和讲解，同时每个动作都配有插图，生动的图片胜过千言万语的说教。书中展示了你的皮下解剖图：运动中哪些主要肌群在进行锻炼，哪些辅助肌群在进行协助运动。这些插图会一步一步引导你完善你的锻炼技术。除此之外，书中还介绍了一系列高级技术技巧，帮助你调整练习，达到最佳的健身效果。利用这本书，你将学会如何调整握杆方式，如何调整脚部位置，如何改变身体姿势。你会了解如何通过掌握运动轨迹和利用情绪达到不同目标肌肉的锻炼效果。无论你在健身房中面对的是什么——杠铃还是哑铃，自由重量级举重还是器械，宽握式还是窄握式，倾斜还是下降，坐姿还是站姿等，你都会得到帮助。你不会错过任何一项锻炼。只需花不到 5 分钟的时间学习或复习书中介绍的运动，在这短短的 5 分钟内，你会发现和学到需要的所有知识，从而让你的锻炼更加准确。这本书将会使你的训练产生一些改变。

毫无疑问的是，本书可让你实现健身最终要达到的目的：定制般的身材。但为了改变你的外观，首先必须调整和改变你内在的骨骼和肌肉。你应该巧妙地利用各种重量的器械来塑造自己的身形，而不是一味地让身体增加重量。健身的真正秘密在于改变内在肌肉和骨骼，而改变的前提是，必须了解自身的内在结构。

本书对于健身爱好者来说是一本全方位的参考文献，书中有详细的技术讨论以及精准肌肉剖析的插图和解说。本书将训练系统地划分成不同的肌肉群，方便读者按照需求轻松地找到相应的内容，进行任意部位的肌肉训练。另外，对每个肌肉群又按照目标区域进行更进一步的分组，帮助读者选择某些特定的练习，根据自己的身体状况针对某些难点部位进行锻炼。

第 1 章提供肩部训练的知识——大圆石般坚实的肩膀是形成强健身体的基石。在本章中，你会了解肌肉解剖知识以及三角肌的练习策略。简单地在肩部增加重量是远远不够的，你如果了解肩部的内在结构，就会发现不同的三角肌需要不同的锻炼。本章会为你揭示拥有强壮、抗损伤的肩袖肌群的秘密。

在第 2 章中，你会了解如何针对胸部肌肉进行"雕琢"，通过分析胸部肌肉以及估量自身需要的运动，使胸肌坚挺起来。你将从不同的角度、不同的握式以及调整后的动作将胸部肌肉划分成不同的区域进行练习。经过准确的技术性练习，你会打造出让任何角斗士都为之骄傲的坚挺胸部。

在第 3 章中，我们将带领你进行背部练习。人体背部由三大块肌肉构成，如果只注重背阔肌的训练，背部的练习就是不完整的。要想增加背部上半部分的厚度，应该重点进行斜方肌的训练；为了增加下背的基础力量，则必须进行竖脊肌的练习。

通过第 4 章的练习，做好迎接一副铁臂的准备。三分之二的三头肌都集中在上臂。本章将为你提供逐步打造肌肉的技术，使三头肌更有型，二头肌更结实。同时，在握东西以及穿短袖 T 恤时，你的前臂也会出现一条条如绳子般的肌肉。

第 5 章介绍了腿部的练习。无论是想实现泪滴形的四头肌、大腿外侧紧绷的肌肉、更加坚实的腘绳肌还是有力的小腿或者紧致的臀部，你都可以根据自己的需求选择相应的腿部练习

第 6 章主要介绍如何打造腹部肌肉。书中为你提供了腹部 3 个区域详细的解剖参考图：腹肌、下腹肌以及斜肌。每个区域的肌肉需要进行不同的训练。本章为你介绍了所有的挤压、抬高、扭转、翻转等动作，帮助你打造出 6 块腹肌。

在每章的练习开始之前，书中会提供每组肌群的介绍。彩色图表展示和说明了肌群内部的骨骼、肌肉和其他配合组织。全书中，主要插图和重点介绍内容将用彩色标出，以区别主要肌群和辅助肌群以及在运动过程中这两种肌群的运动情况。你还可以看到在健美比赛中选手摆出各种姿势时的肌肉状况。

■ 主要肌群　　　　　■ 辅助肌群　　　　　■ 结缔组织

你应该相信：解剖学知识对于所有认真的健身爱好者来说都是训练的关键。肌肉的比例和对称度是通过正确的练习得来的，绝非偶然。无论你是否拥有健身经验，以及拥有多少经验，本书都将帮助你掌握机械技术，按照你的要求打造完美的身材。下一次进入健身房时，你就会有章可循。通过本书的学习，你在健身房中会事半功倍——在最短的时间内达到最佳效果。

如果你也是百万健身大军中的一员，那么你一定不要错过这本书。这本书如同 X 光一般，为你展示人体进行训练时内部肌肉的运动情况。这本健身终极参考书涵盖的内容详细、全面，包括运动时每个目标肌肉群的彩色图。利用先进的练习方式对某些肌肉群进行锻炼和调整，你会提高技术，改善体质。这本书一定是你健身包里的必备品！

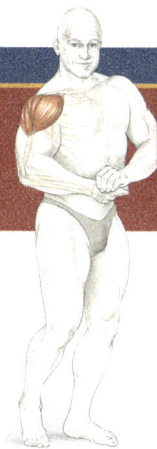

肩部

肩部就像机械中的滚珠和承窝一样，连接着上臂肱骨和肩胛骨。肩部运动包括 6 个主要动作：弯曲、伸展、外展、内展以及内旋和外旋。肩部弯曲时，上臂抬起向脸部弯曲。肩部伸展时，手臂向后伸展超过身体平面。进行外展时，手臂向上移动到身体一侧。内展时，手臂朝下拉向身体。在进行水平的外展和内展时，手臂需要与肩齐高，类似于胸部伸展或后三角肌伸展动作。

肩部的三角肌（如图 1.1 所示）包括三个独立的部分或三个头，每个部分在手臂运动时向不同的方向运动。三角肌的三个头由多个肌腱附着在肩关节上，合并成一个肌腱，与上臂的肱骨相连。前三角肌连接着锁骨，可将手臂向前抬起（肩部弯曲动作）。侧三角肌连接肩峰，使手臂举起并向身体外侧伸展（肩部外展训练）。后三角肌连接着肩胛骨，使手臂向后移动（肩部伸展）。

三角肌

锁骨

肩峰

肩胛骨

肱骨三角肌块茎状
（三角肌附着隆起）

肱骨

肩袖肌群肌肉

前视图

肩胛下肌

冈上肌

冈下肌

小圆肌

后视图

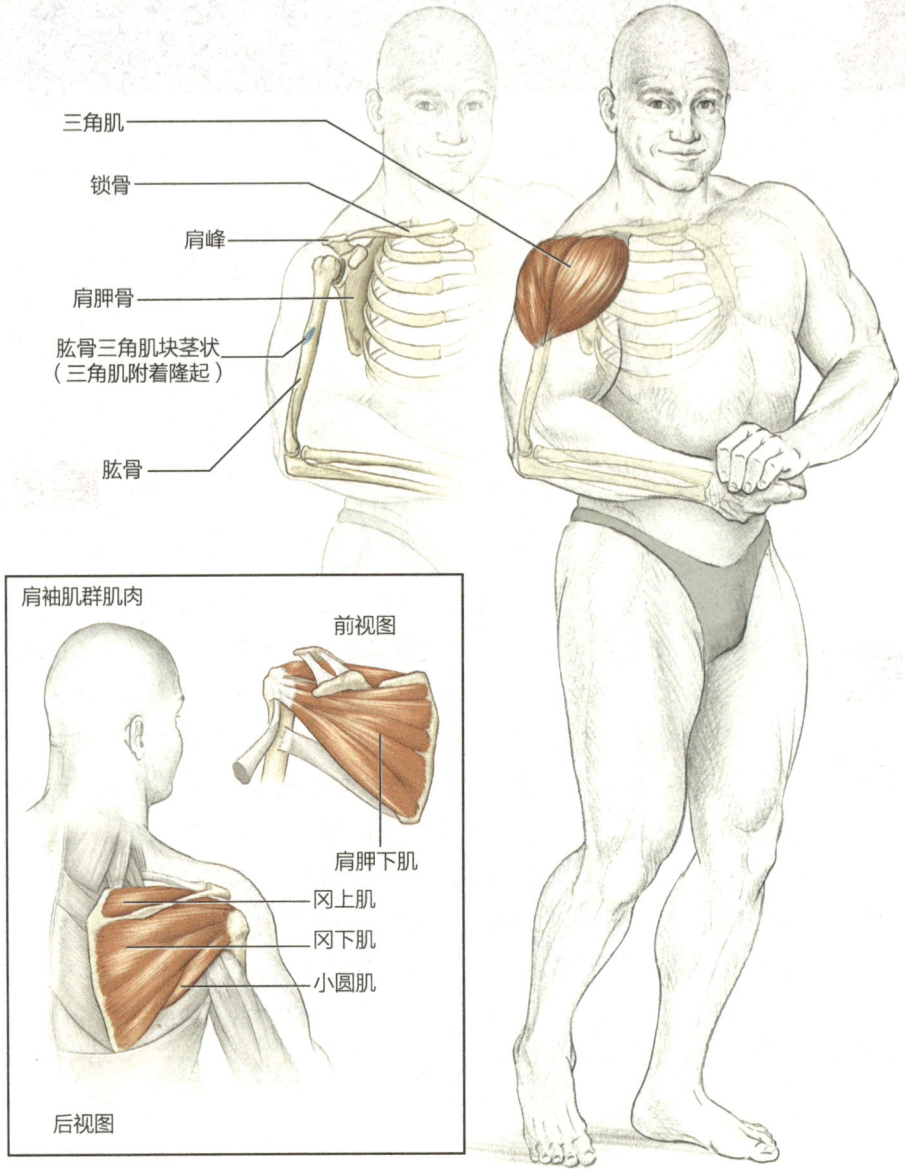

图 1.1 肩部展示图

　　肩袖肌群是一组围绕在肩关节周围的保护套。尽管几乎看不见这组肌群，但是肩袖肌群是保持肩部稳定有力的关键所在。所有的肌肉由肩胛骨开始，通过肩部关节与上臂的股骨相连。冈上肌位于关节上方，负责将手臂向外抬起——招呼出租车时的姿势。冈下肌和小圆肌位于关节后方，负责手臂向外旋转——搭顺风车时的姿势。肩胛下肌位于关节前方，负责手臂向内弯曲——双臂交叉环抱在胸前的姿势。

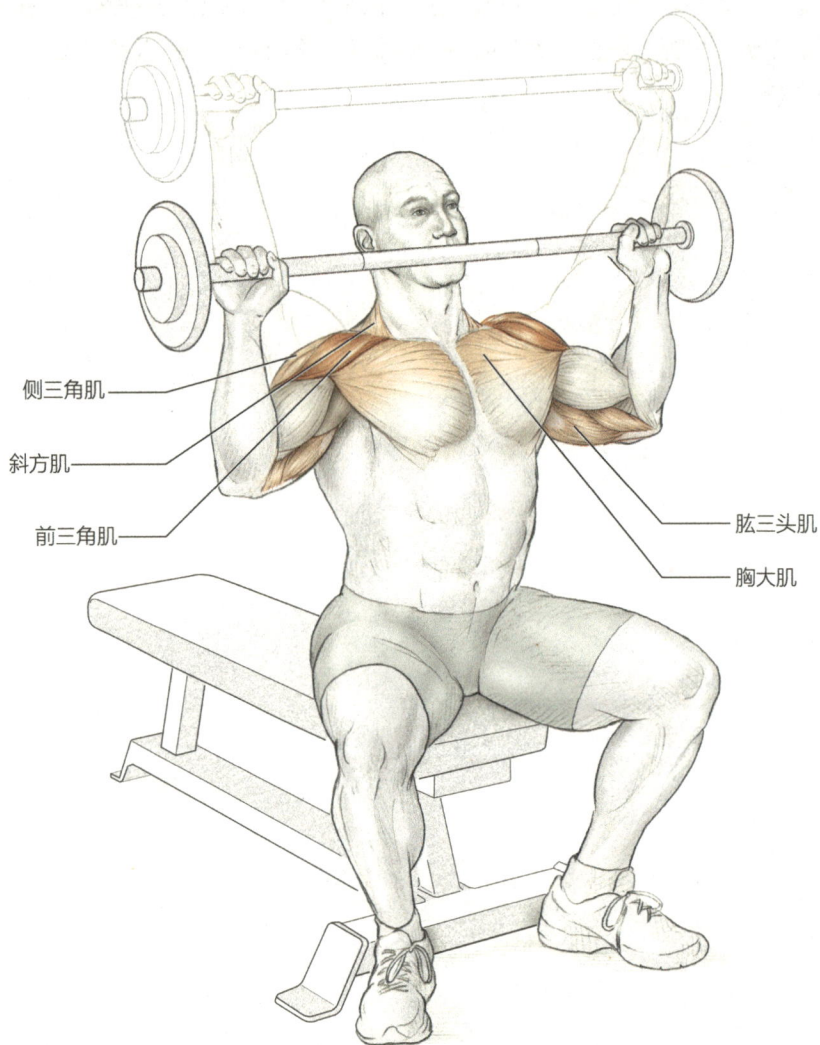

侧三角肌

斜方肌

前三角肌

肱三头肌

胸大肌

训练步骤

1. 坐于长凳上，手握杠铃与肩同宽，手掌向前。

2. 双手在胸前慢慢降低高度直到触及上胸位置。

3. 垂直向上推举杠铃直到肘关节关闭（手臂伸直）。

涉及的肌肉

主要肌群： 前三角肌

辅助肌群： 侧三角肌、肱三头肌、斜方肌、上胸大肌

训练要点讲解

手间距： 肩宽握式是进行前三角肌练习时最常用的握式，握距稍宽对三头肌的锻炼强度也稍低，但握距过宽则容易增加肩部受伤的风险。

运动范围： 关节关闭的过程中减少三头肌的参与，在关节关闭前三角肌保持紧张，通过短距离重复练习，增加肌肉的压力。

身体姿势： 以上身笔直的坐姿进行运动比站立举杠铃的要求更加严格，可防止站立时利用腿部力量将杠铃举起，而非肩部的力量。

◀ 变化动作 ▶

颈后推举

这个版本的变化动作使肩部更加向外扭转。但是完成此动作时，杠铃是由颈部后方推起，从而加大了肩部受伤的风险。

前三角肌

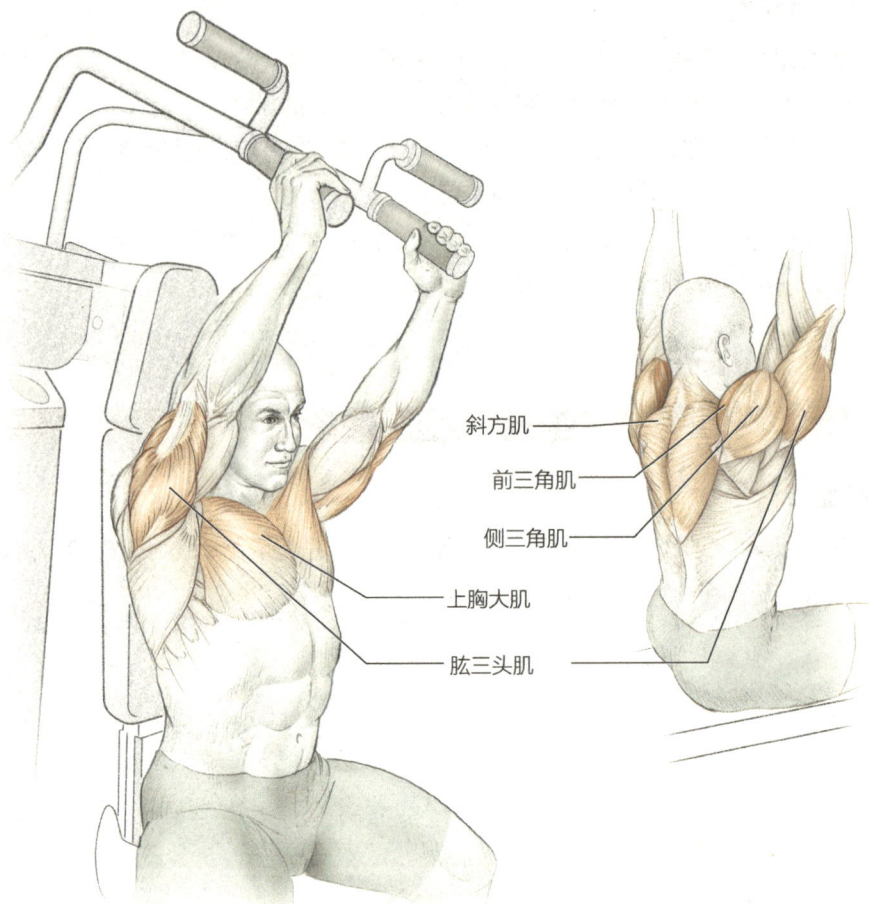

斜方肌

前三角肌

侧三角肌

上胸大肌

肱三头肌

训练步骤

1.坐于器械上，后背挺直。握住手柄。

2.垂直向上推举直到肘关节关闭（手臂伸直）。

3.逐渐降低推举的高度，直到与肩齐高。

涉及的肌肉

主要肌群：前三角肌

辅助肌群：侧三角肌、肱三头肌、斜方肌、上胸大肌

训练要点讲解

握式：中立握式（掌心相对）比正握式（掌心向前）更能加强前三角肌的锻炼。

运动范围：关节闭合之前进行短距离重复练习，停止施压，保持三角肌处于紧张状态。

身体姿势：根据使用的器械而定，坐直，利用脊椎支撑后背。

前三角肌

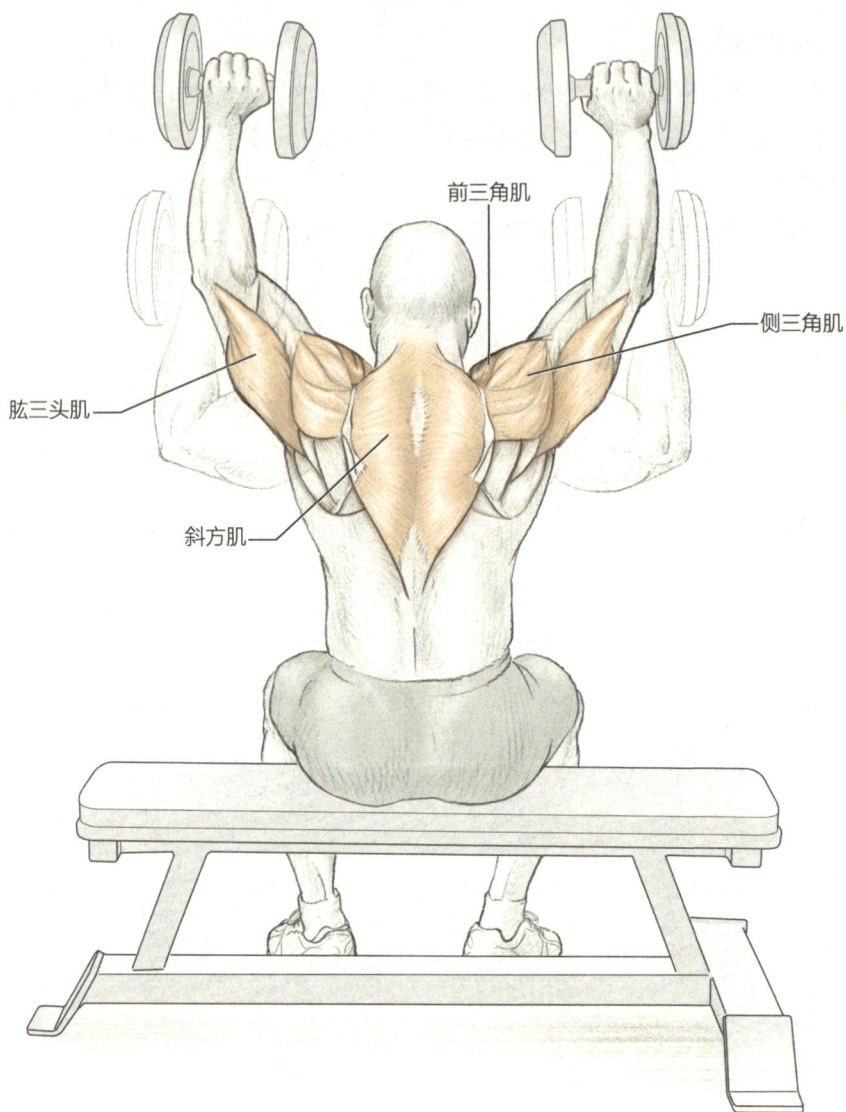

前三角肌

侧三角肌

肱三头肌

斜方肌

训练步骤

1. 坐于长凳上，双手各举一哑铃保持与肩同高，手掌向前。

2. 垂直向上推举哑铃直到肘关节闭合（手臂伸直）。

3. 双臂逐渐降低高度直到哑铃触到肩膀。

涉及的肌肉

主要肌群：前三角肌

辅助肌群：侧三角肌、肱三头肌、斜方肌、上胸大肌

训练要点讲解

握式：哑铃方向的变化会对握式产生影响。手掌向前（正握式）向上推举哑铃，主要练习前三角肌和侧三角肌。掌心相对（中立握式）将哑铃向上推举，前三角肌受力更大，侧三角肌参与较少。掌心向后握住哑铃（反握式）会增加前三角肌的锻炼效果。

身体姿势：以上身笔直的坐姿进行运动，比站立举杠铃的要求更加严格，可防止站立时利用腿部力量而非肩部力量将哑铃举起。

变化动作

推举哑铃的变化握式

此版本的练习利用三种不同的哑铃握式进行重复练习。练习开始，手背向前（反握式），在推举过程中扭转哑铃使掌心相对（中立握式）；最终将哑铃举起并完成上举时掌心向前（正握式），闭合肘关节。

单臂交替推举哑铃

进行单次单臂哑铃推举动作，左右两臂交替进行。

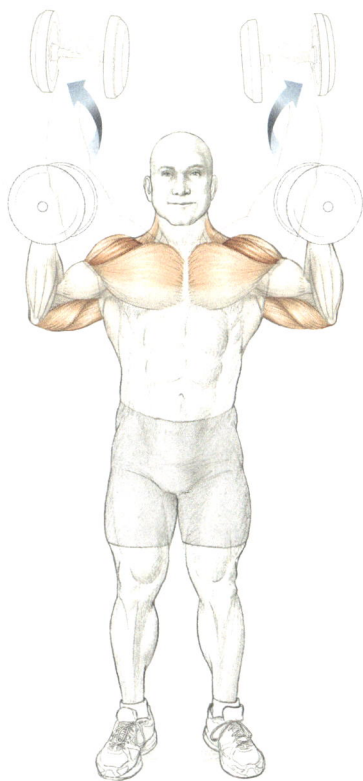

哑铃前平举

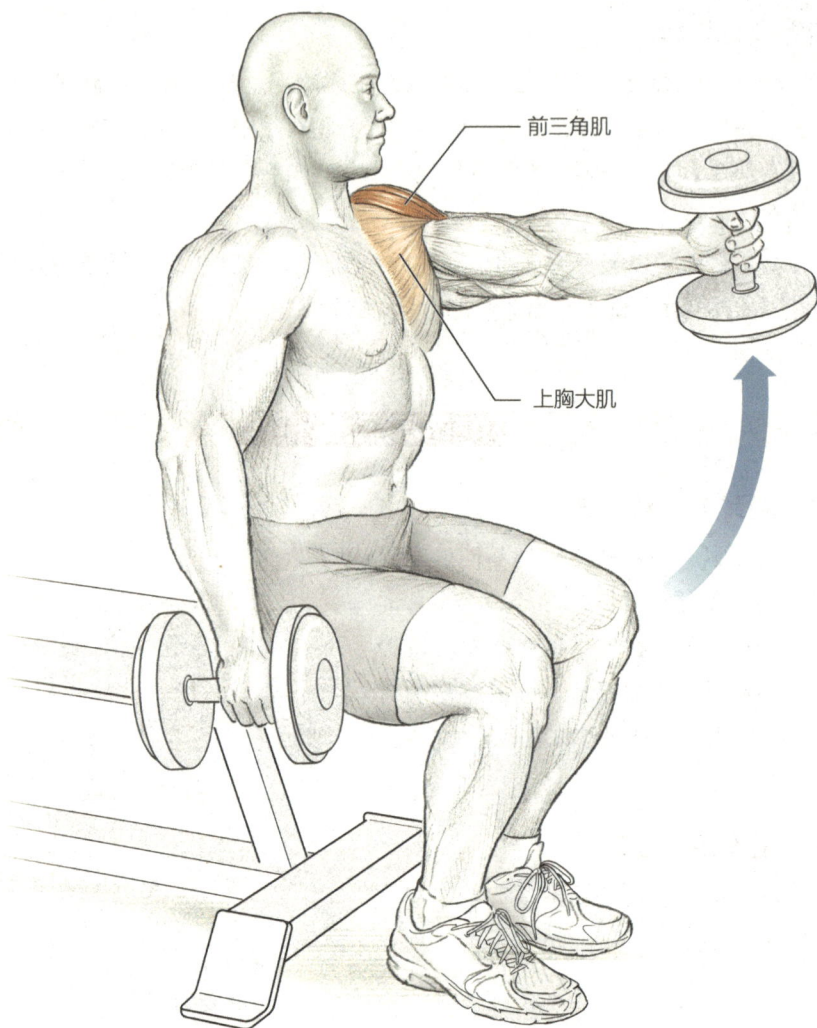

前三角肌

上胸大肌

训练步骤

1. 坐在运动长椅的边缘，双手各握一个哑铃，双手自然放于身体两侧，拇指指向前方。

2. 一手举起哑铃于身体前方，与肩同高，保持肘关节伸直。

3. 缓慢向下，恢复到初始姿势，另外一只手臂进行相同练习。

涉及的肌肉

主要肌群：前三角肌

辅助肌群：上胸大肌、斜方肌

训练要点讲解

握式：中立握式（掌心相对，拇指向前）重点对前三角肌进行训练。正握式（掌心向下）能够使侧三角肌参与，进行辅助练习。

◀ 变化动作 ▶

哑铃前平举的变化握式练习

由中立握式（拇指向前）开始。在举起哑铃的过程中，将哑铃旋转90度，在达到顶点时由中立握式变为正握（掌心向下）。

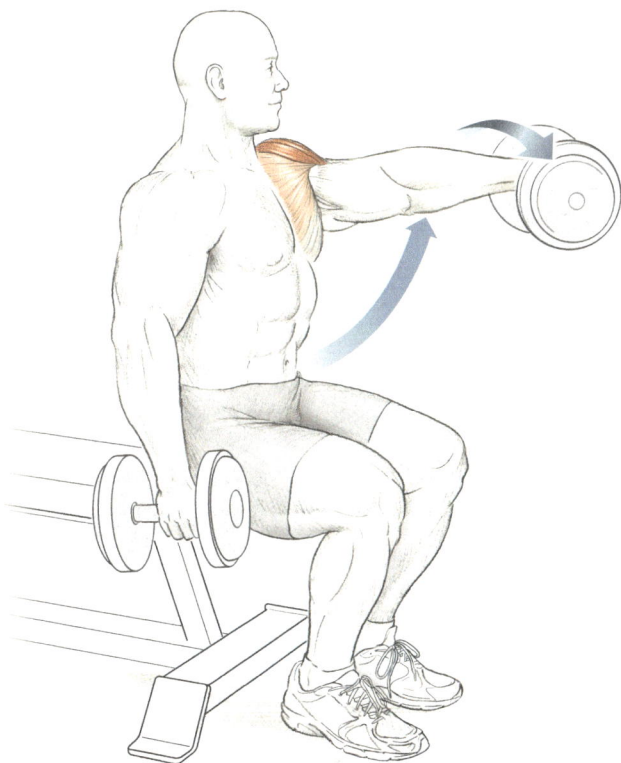

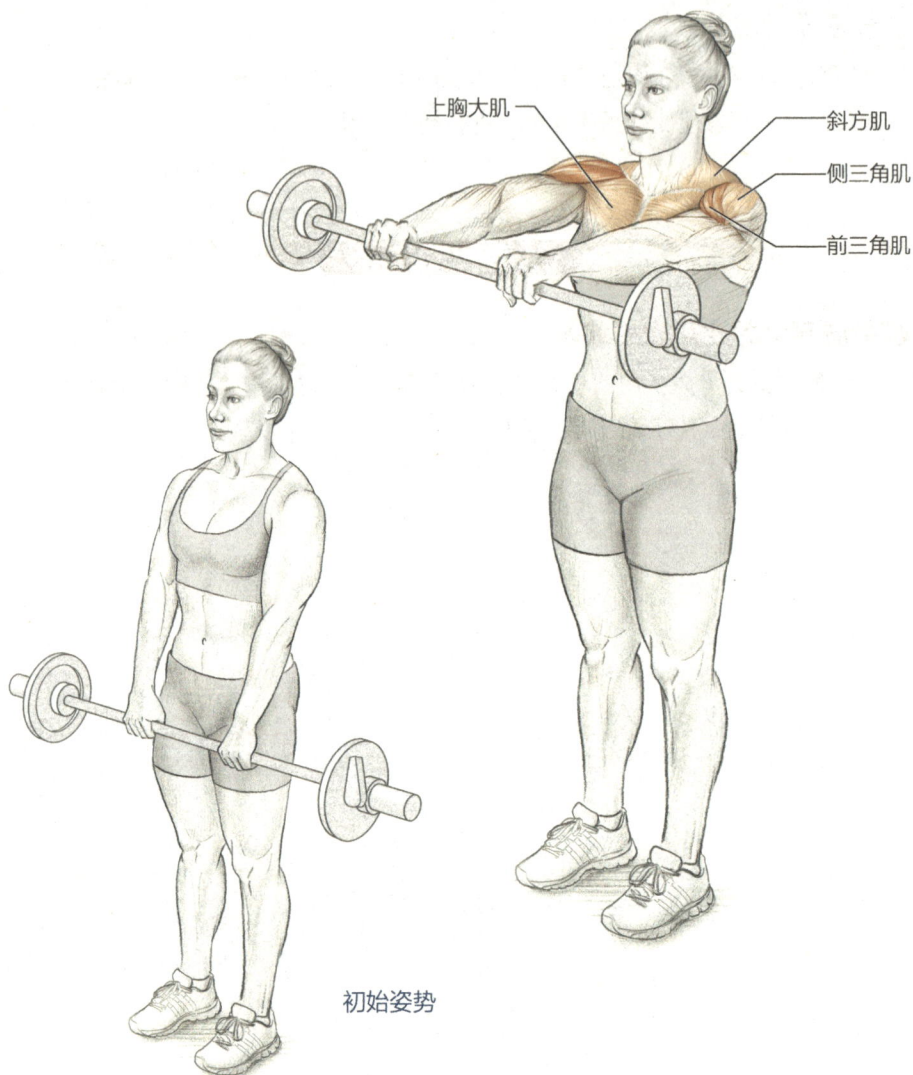

上胸大肌

斜方肌

侧三角肌

前三角肌

初始姿势

训练步骤

1. 采用正握式，双手间距小于肩宽，双手紧抓杠铃自然下垂于大腿前。

2. 双手紧握杠铃向前向上抬至肩膀高度，肘关节紧绷（胳膊伸直）。

3. 双手放下还原至大腿前侧。

涉及的肌肉

主要肌群： 前三角肌

辅助肌群： 侧三角肌、斜方肌、上胸大肌

训练要点讲解

手间距： 采取相对较窄的手间距，重点强调前三角肌的锻炼，而采取宽握式需要侧三角肌协助运动。

变化动作

单哑铃前平举

双手握住一个哑铃，手指紧握手柄。采用中立握式（拇指向前）以及相对较窄的手间距，主要进行前三角肌练习，尽量减少侧三角肌的介入。

前三角肌

前三角肌

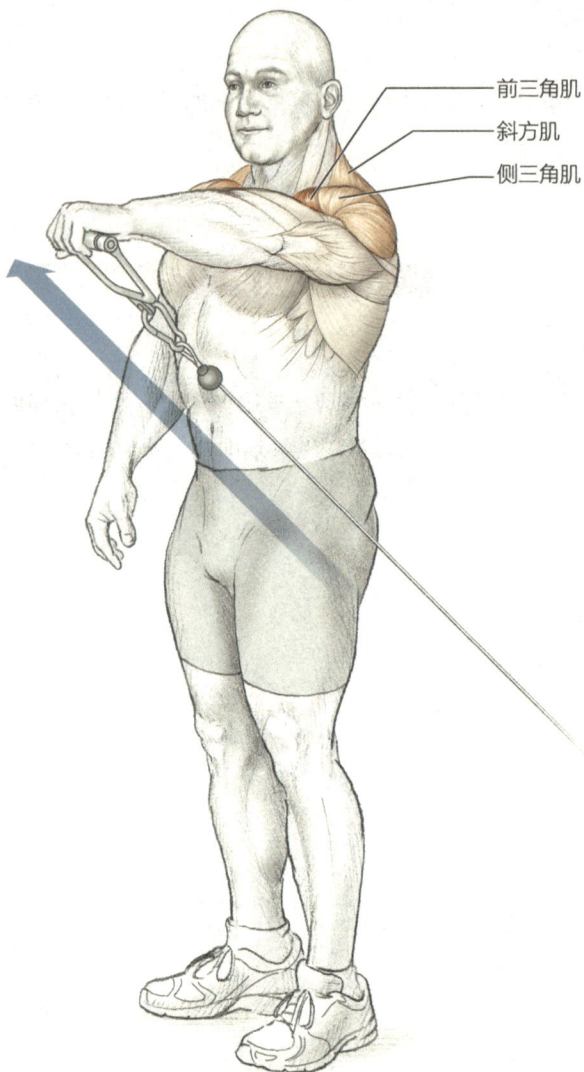

前三角肌

斜方肌

侧三角肌

训练步骤

1. 一只手握住 D 形手环，采用正握式（手掌向下）。

2. 避开配重片，沿向上的弧线抬起手环至肩膀高度，肘关节伸直。

3. 手臂下滑，手柄落于腰间。

涉及的肌肉

主要肌群：前三角肌

辅助肌群：侧三角肌、斜方肌、上胸大肌

训练要点讲解

握式：采用正握式平举手臂能够对前三角肌和侧三角肌进行锻炼。

变化动作

短手柄连接

避开器械，将拉力器置于两腿之间，两手与肩同宽，采用正手握住手柄。

绳子连接

避开器械，将拉力器置于两腿之间，两手抓住绳子末端，拇指向上。

侧三角肌

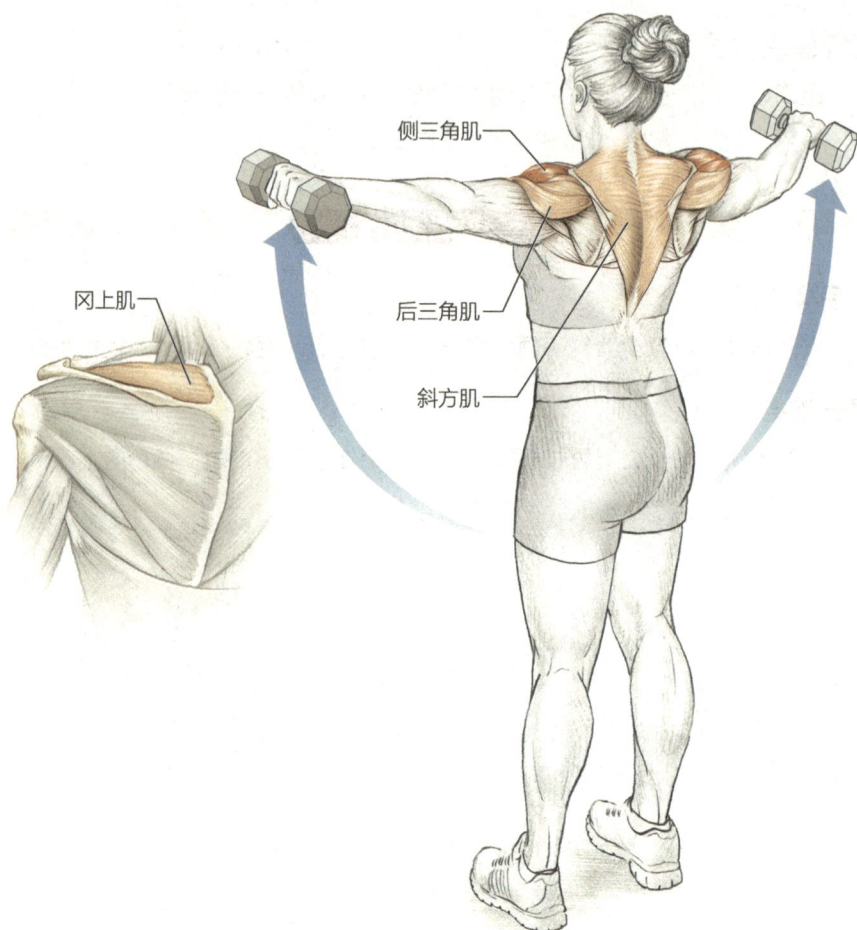

侧三角肌

冈上肌

后三角肌

斜方肌

训练步骤

1. 身体直立，双手各握一哑铃，手臂自然放于身体两侧。

2. 双手在体侧向上抬起，手臂伸直，直到哑铃与肩齐高。

3. 手臂向下，哑铃落至体侧臀部位置。

涉及的肌肉

主要肌群： 侧三角肌

辅助肌群： 前三角肌、后三角肌、斜方肌、冈上肌

训练要点讲解

运动范围： 哑铃与肩齐高时，主要对侧三角肌进行锻炼。但是，如果哑铃位置过高，主要受力部位是斜方肌，因此需要严格控制哑铃的高度，将其限制在肩膀高度，使三角肌保持紧张。

握式： 要最大限度地对侧三角肌进行锻炼，哑铃必须保持与地面平行。如果拇指向上哑铃发生倾斜，将会导致肩部外翻，使前三角肌发力；相反，如果拇指向下，肩部向下内翻，后三角肌会更多地参与进来。

轨迹： 直接将哑铃由臀部两侧举起，保持手臂伸直，侧三角肌参与锻炼。将哑铃向臀部前方举起，前三角肌参与协助完成动作。如果举起的弧线产生于身体后方，那么后三角肌就为举起哑铃发挥了作用。

阻力： 由于重力作用，在刚举起哑铃时阻力较小，但是随着手臂逐渐抬高至肩膀位置，阻力会越来越大。

◀ 变化动作 ▶

单臂哑铃侧平举

同样完成此动作，但是每次只抬一只手臂，另一只手位于体侧臀部位置，保持身体稳定。

侧三角肌

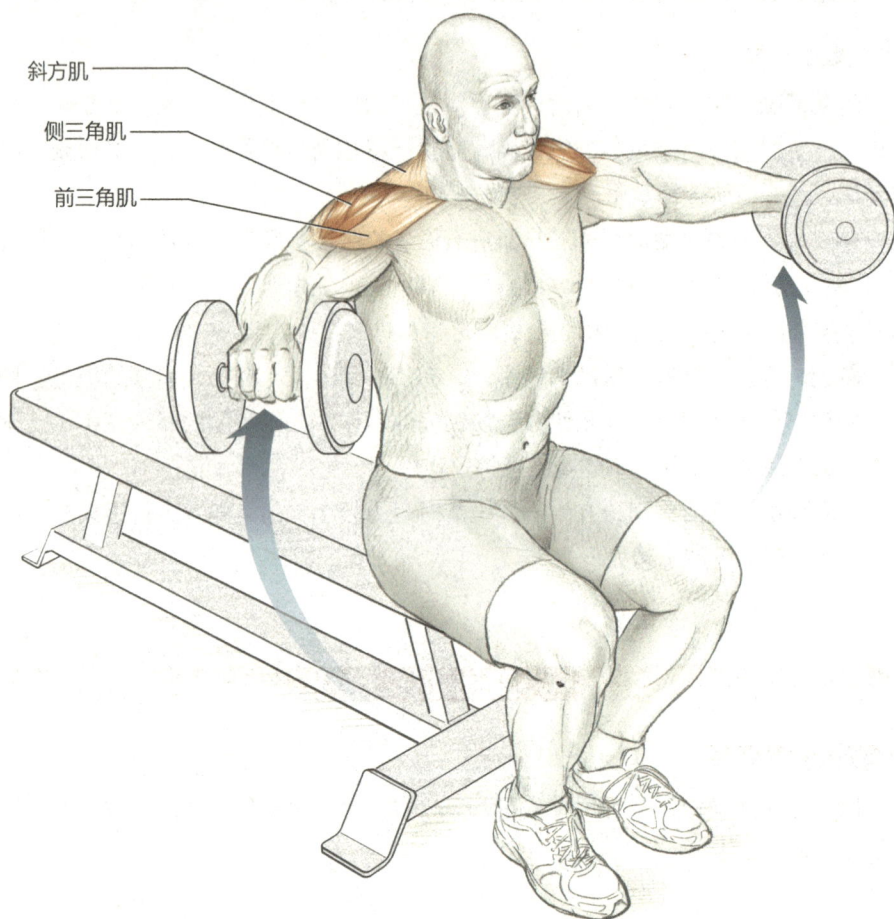

斜方肌

侧三角肌

前三角肌

训练步骤

1. 坐于长椅上，双手各握一个哑铃，手臂自然下垂。

2. 手臂由身体两侧开始向上平举，最终高度与肩膀平行。

3. 手臂向下，还原到初始姿势。

涉及的肌肉

主要肌群：侧三角肌

辅助肌群：前三角肌、后三角肌、斜方肌、冈上肌

训练要点讲解

身体姿势：以上身笔直的坐姿进行运动比站立举杠铃的要求更加严格，可防止站立时利用腿部力量而非肩部力量将哑铃举起。后背挺直有利于支撑身体，同时减少了下背部的压力。

运动范围：手臂与肩膀平行时停止平举动作，保持侧三角肌的紧张。如果哑铃过高，主要受力肌肉为斜方肌。

握式：哑铃与地面平行时，受力最大的是侧三角肌。如果拇指向上翻转哑铃会造成肩部外翻，使前三角肌协助完成这个动作；而拇指向下翻转哑铃会造成肩部内翻，使后三角肌参与锻炼。

阻力：由于重力作用，在刚举起哑铃时阻力较小，但是随着手臂逐渐升高至肩膀位置，阻力会逐渐增大。

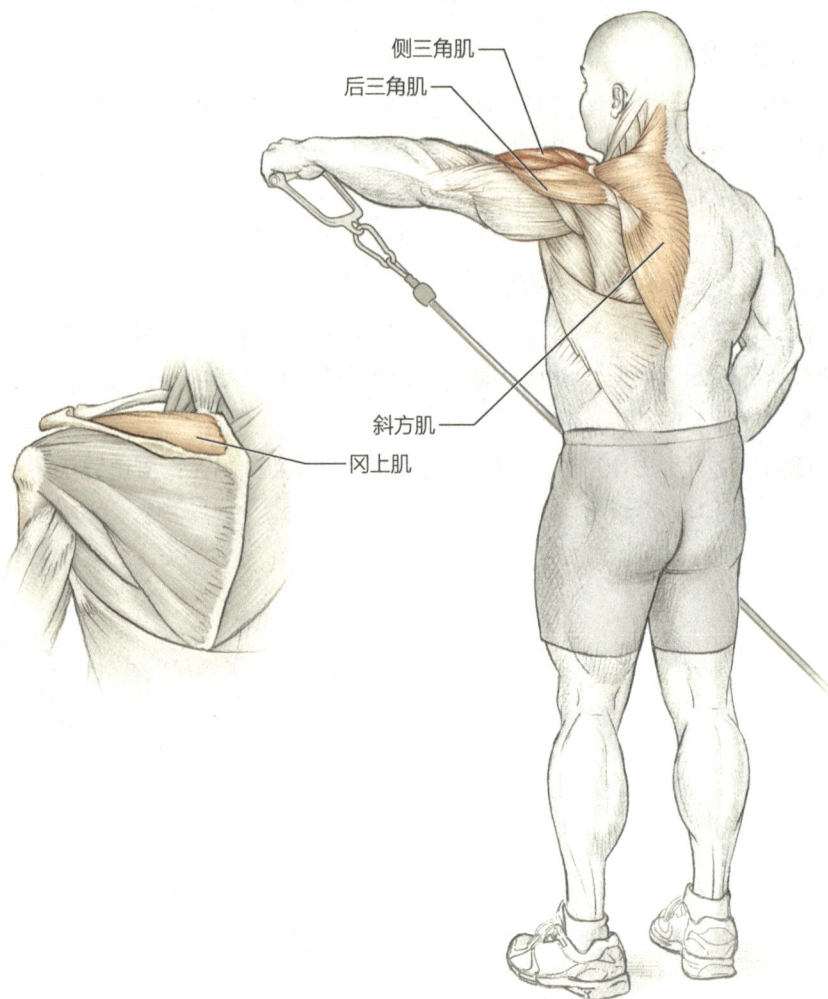

侧三角肌

侧三角肌
后三角肌

斜方肌
冈上肌

训练步骤

1.单手握住 D 形手环，从右下侧向上拉。站在器械侧面。

2.握 D 形环的手臂向外侧划弧线抬起，直到肩膀和手臂与地面平行，保持手臂伸直。

3.手臂向下，落于腰间。

涉及的肌肉

主要肌群： 侧三角肌

辅助肌群： 前三角肌、后三角肌、斜方肌、冈上肌

训练要点讲解

运动范围： 手臂抬起至肩部高度，与地面保持平行时终止平举动作，这样能够保证侧三角肌的紧张。如果手臂抬起过高，主要参与的肌肉为斜方肌。在手臂抬起的过程中，抬至 30 度角时，上冈肌协助侧三角肌进行运动。将拉力器拉至与握 D 形手环的手臂不同侧的大腿方向，能够增加运动范围。

轨迹： 手臂从身体两侧或某一侧直接进行平举时主要针对侧三角肌进行锻炼。前平举时主要受力肌群为前三角肌，而从后方抬起手臂主要锻炼后三角肌。

阻力： 不同于哑铃侧平举，手臂上升进行拉力器侧平举的过程中，拉力器在整个运动过程中提供一致的阻力。

侧三角肌

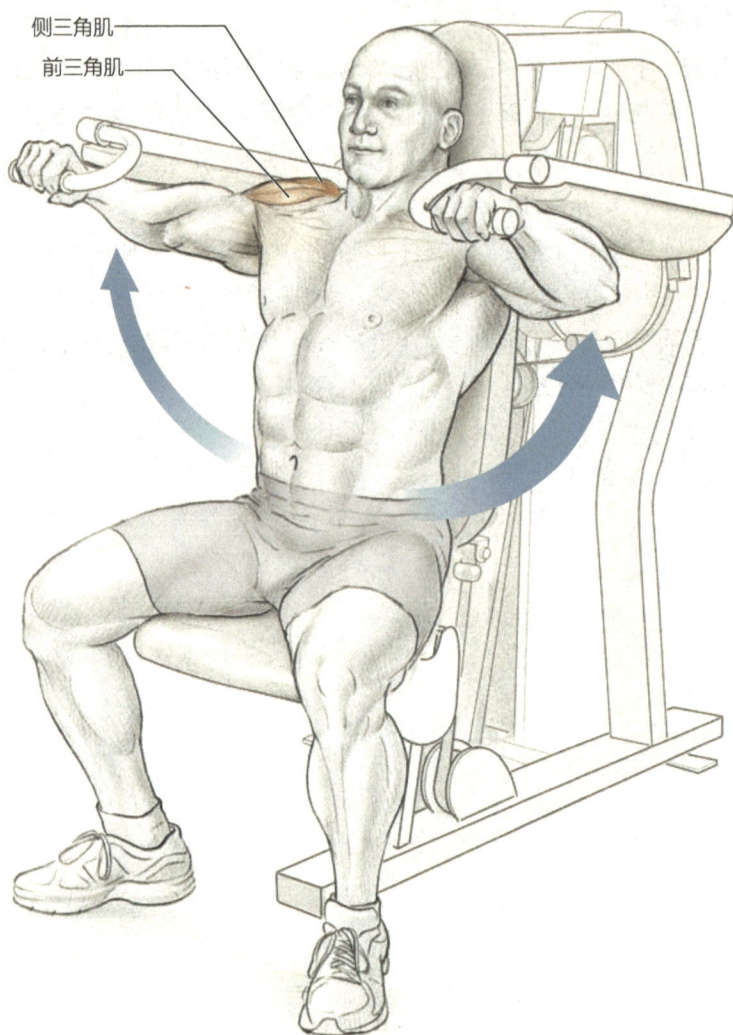

侧三角肌

前三角肌

训练步骤

1. 坐于器械上，肘部紧贴挡板。握住手柄。

2. 肘部向上抬起直到上臂达到肩膀高度，手臂与地面平行。

3. 肘部向下，还原到身体两侧。

涉及的肌肉

主要肌群：侧三角肌

辅助肌群：前三角肌、后三角肌、斜方肌、冈上肌

训练要点讲解

运动范围：在运动过程中，器械会对身体产生不同的阻力。初始时，冈上肌协助运动，如果肘部抬起位置过高，超过肩部，斜方肌会参与运动。

握式：采用正握式（手掌向下）使肩背部内翻，主要针对侧三角肌进行锻炼。中立握式（手掌相对）或反握式（手掌向上）使肩部外翻，此时增加前三角肌在运动过程中的力量。要想改变肩部的扭转方向，调整肘部挡板即可，不用通过调整手柄握式。

轨迹：改变手臂抬升轨迹会相应地改变着力的三角肌。肘部由身体两侧直接平举对侧三角肌进行锻炼。肘部平举的同时将肘部位置调整至挡板前段，使前三角肌也加入进来，辅助运动。

变化动作

单臂器械侧平举

单臂单次完成这个动作会提高锻炼的针对性。有些器械的设计不同，可以使健身爱好者面对器械，这样可以在接触胸板时保持身体稳定。

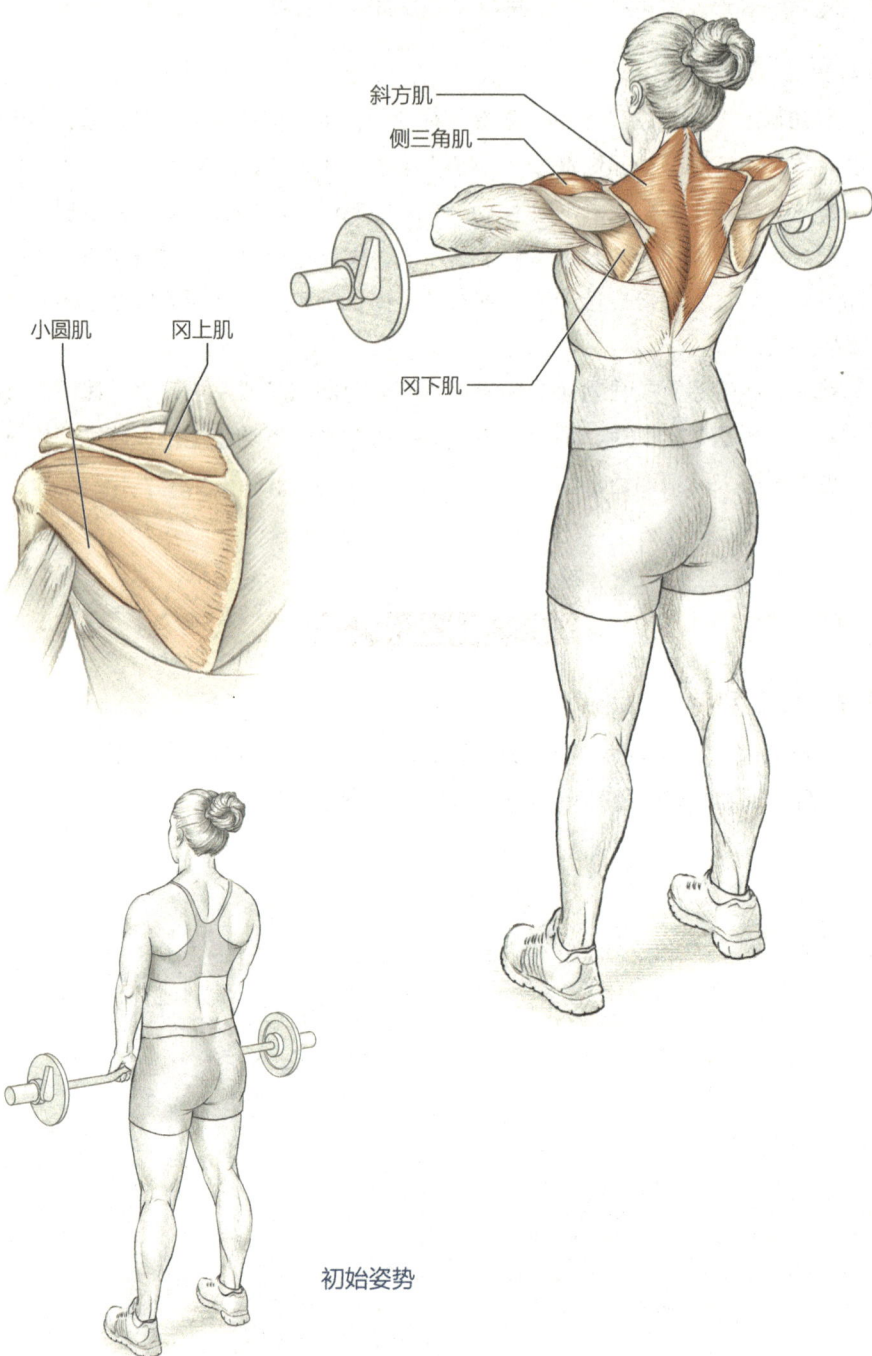

侧三角肌

斜方肌

侧三角肌

小圆肌　冈上肌

冈下肌

初始姿势

训练步骤

1. 采用正握式，双手与肩同宽，手臂自然下垂。
2. 垂直向上拉杠铃，同时抬起肘关节与肩齐高。
3. 缓慢放下杠铃，手臂下降、伸展，还原为初始姿势。

涉及的肌肉

主要肌群：侧三角肌、斜方肌

辅助肌群：前三角肌、冈上肌、冈下肌、小圆肌

训练要点讲解

手间距：手握杠铃的间距比肩微宽时，主要针对三角肌进行锻炼，如果握距过窄则强调了斜方肌的运动。

轨迹：上举杠铃，杠铃距离身体较近时是主要针对侧三角肌的锻炼，而在杠铃上升的过程中由身体向远处画弧线时则需要前三角肌协助运动。

运动范围：如果肘关节高于肩膀，将主要由斜方肌参与运动。

侧三角肌

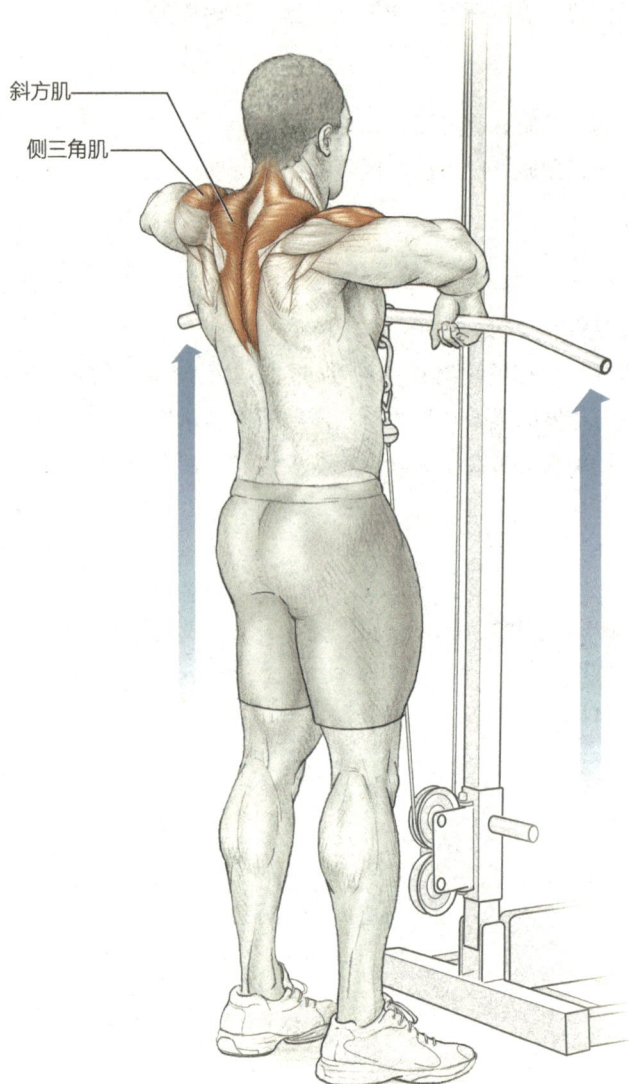

斜方肌

侧三角肌

训练步骤

1. 正手握拉力器的直杆，与肩同宽，双臂自然下垂。

2. 将杠垂直上拉，同时肘关节抬起与肩齐高。

3. 缓慢放下杠，手臂伸展，还原到初始姿势。

涉及的肌肉

主要肌群：侧三角肌、斜方肌

辅助肌群：前三角肌、冈上肌

训练要点讲解

手间距：手握直杆的间距微宽时，主要针对三角肌进行锻炼，如果握距过窄则强调了斜方肌的运动。

运动范围：如果肘关节高于肩膀，那么将是斜方肌做主要运动。

身体姿势：保持身体直立，主要着力于侧三角肌。如果身体前倾，后三角肌将参与并协助运动。

◀ 变化动作 ▶

器械划船式上拉

采用史密斯器械能够提供一个垂直运动平面，帮助你进行重点肌群的练习（详见第 3 章中"上背"部分）。

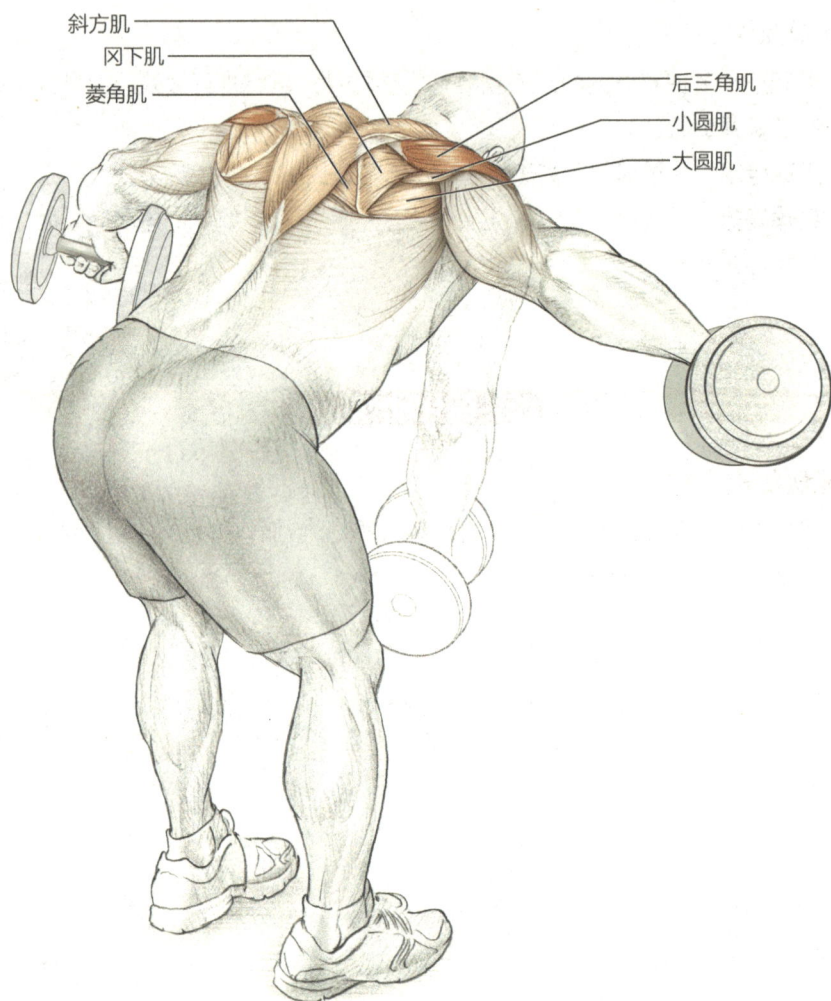

斜方肌
冈下肌
菱角肌
后三角肌
小圆肌
大圆肌

后三角肌

训练步骤

1.两手各握一哑铃，手臂自然下垂，以腰部为中心，上身向前弯曲，背部挺直，抬起头。

2.两手手掌相对，手臂伸直，将哑铃侧举至耳朵的高度。

3.手臂缓慢放下，还原到初始姿势。

涉及的肌肉

主要肌群：后三角肌

辅助肌群：侧三角肌、斜方肌、菱角肌、冈下肌、小圆肌、大圆肌

训练要点讲解

握式：哑铃的握式会影响肩关节翻转的程度。采用中立握式（拇指向上）可以使侧三角肌参与运动。正握式（拇指向内）主要针对后三角肌进行锻炼，因为此时肩关节向内翻转，在运动中侧三角肌着力减少。

阻力：由于受重力影响，随着手臂由低到高阻力会逐渐增大，哑铃到达耳侧时，阻力达到最大。

轨迹：改变手臂上举的轨迹，会对不同的三角肌进行锻炼。上半身弯曲与地面平行时，主要强调后三角肌。如果上身倾斜但胸部挺直，那么后三角肌在运动中作用最大。

变化动作

头部支撑，哑铃侧平举

站在一个倾斜的长凳后方。上半身向前弯曲，直到头部碰到靠背顶部，这样就设定了一定的高度使得身体尽量与地面平行。头部得到支撑后限制了脊椎的运动，同时防止利用摆动的作用力将哑铃举起。

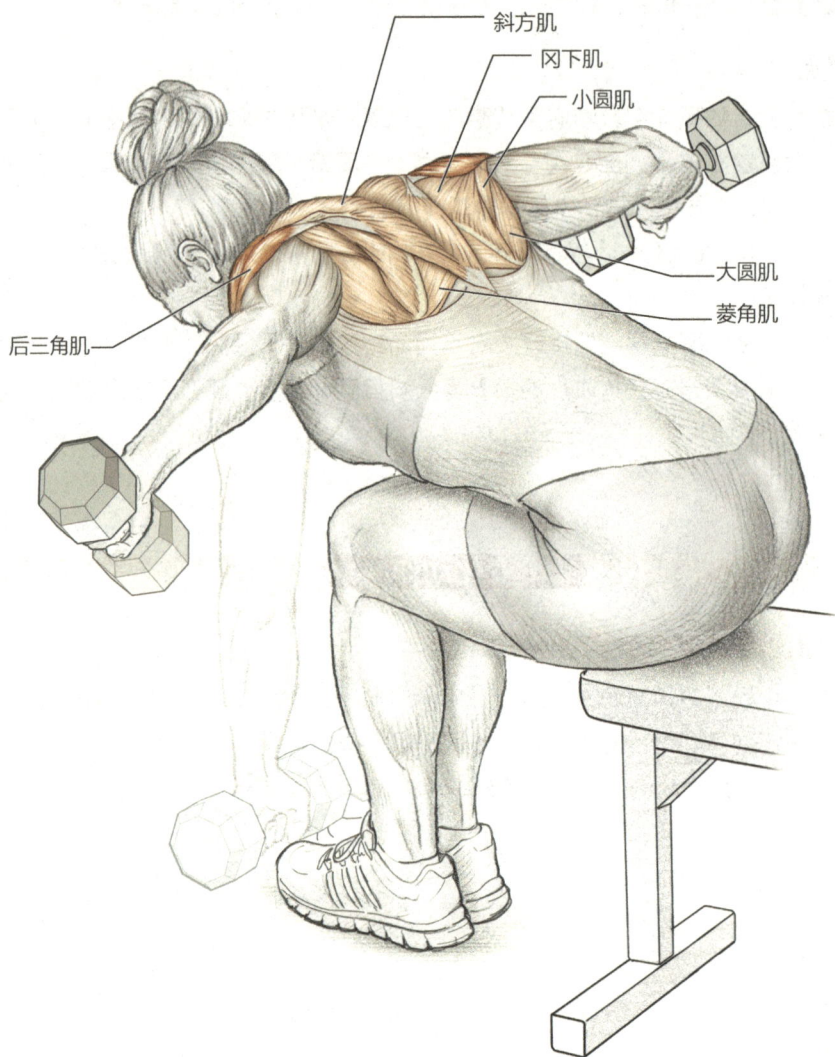

后三角肌

斜方肌

冈下肌

小圆肌

大圆肌

菱角肌

后三角肌

训练步骤

1. 双手各握一哑铃，手臂自然下垂，坐于长椅上。上半身前屈体使胸部与大腿接触。

2. 手心向后（拇指向内），将哑铃侧平举于耳朵的高度，肘关节轻微弯曲。

3. 手臂缓慢降低高度，还原到初始姿势。

涉及的肌肉

主要肌群： 后三角肌

辅助肌群： 侧三角肌、斜方肌、菱角肌、冈下肌、小圆肌、大圆肌

训练要点讲解

握式： 哑铃的握式会影响肩关节翻转的程度。正握式（拇指指向内）主要针对后三角肌进行锻炼，因为此时肩关节向内翻转，在运动中侧三角肌着力减少。采用中立握式（拇指指向前）可以使侧三角肌参与运动。

阻力： 由于受重力影响，随着手臂由低到高阻力会逐渐增大，哑铃到达耳侧时，阻力达到最大。

轨迹： 改变手臂上举的轨迹，会对不同的三角肌进行锻炼。上半身弯曲与地面平行时，主要强调后三角肌。如果上身倾斜但胸部挺直，那么侧三角肌在运动中的作用最大。

后三角肌

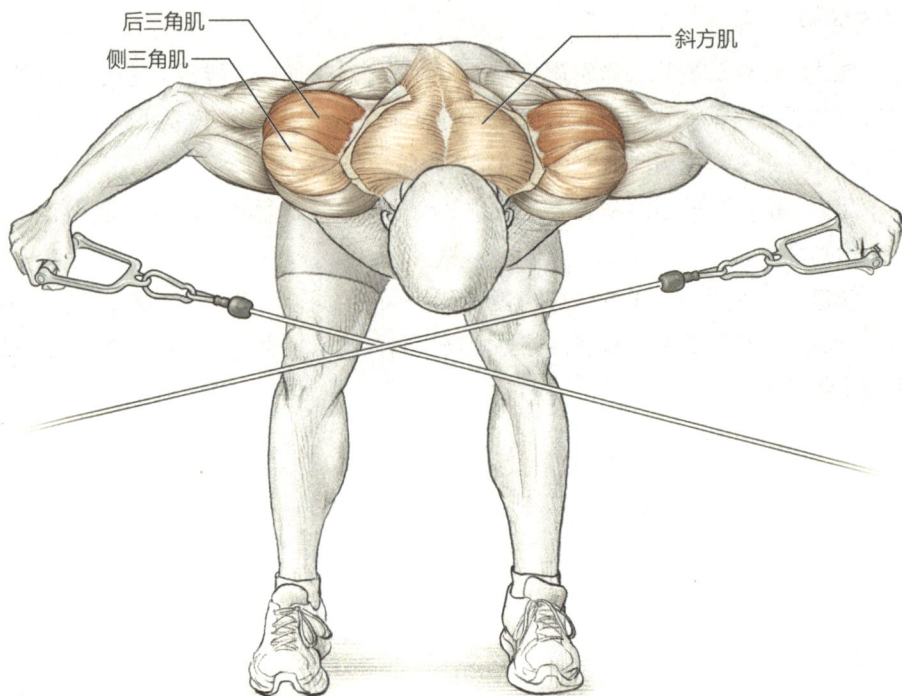

后三角肌
侧三角肌
斜方肌

训练步骤

1. 站在拉力器中间，双手各握住连接低处滑轮的手环。双手交叉，左手握右手环，右手握左手环。弯曲上半身与地面平行，同时保持背部挺直。

2. 同时抬起双手在空中画弧线，手臂侧平举与肩齐高，此时两条拉力器成相互交叉状。

3. 双手放下，还原到初始姿势，此时右手在左侧脚踝正前方，同样，左手在右脚踝正前方。

涉及的肌肉

主要肌群：后三角肌

辅助肌群：侧三角肌、斜方肌、菱角肌、冈下肌、小圆肌、大圆肌

训练要点讲解

轨迹： 为了加强后三角肌的锻炼，手臂应该直接向身体两侧伸出。如果手臂上举时轨迹靠前，斜方肌和侧三角肌则加入运动。

身体姿势： 上半身与地面保持平行时，就能成功地将后三角肌与其他肌群隔离开；反之，胸部与头抬起产生倾斜时，将达不到后三角肌锻炼的效果。

运动范围： 运动开始时，如果双手可以交叉（拉力器不交叉），可以增加运动范围。这样就增加了手臂伸展的距离，更加有利于后三角肌的锻炼。

阻力： 与举哑铃不同，拉力器屈体侧平举的过程中阻力是不变的。

握式： 拉力器的握式以及手的姿势不能发生变化。

变化动作

单臂拉力器屈体侧平举

单臂完成此动作。单侧练习可以使手臂抬得更高，增加伸展距离，因此后三角肌着力更多。为了保持身体的平衡和稳定，另外一只手可以扶在大腿上。

拉力器反向交叉

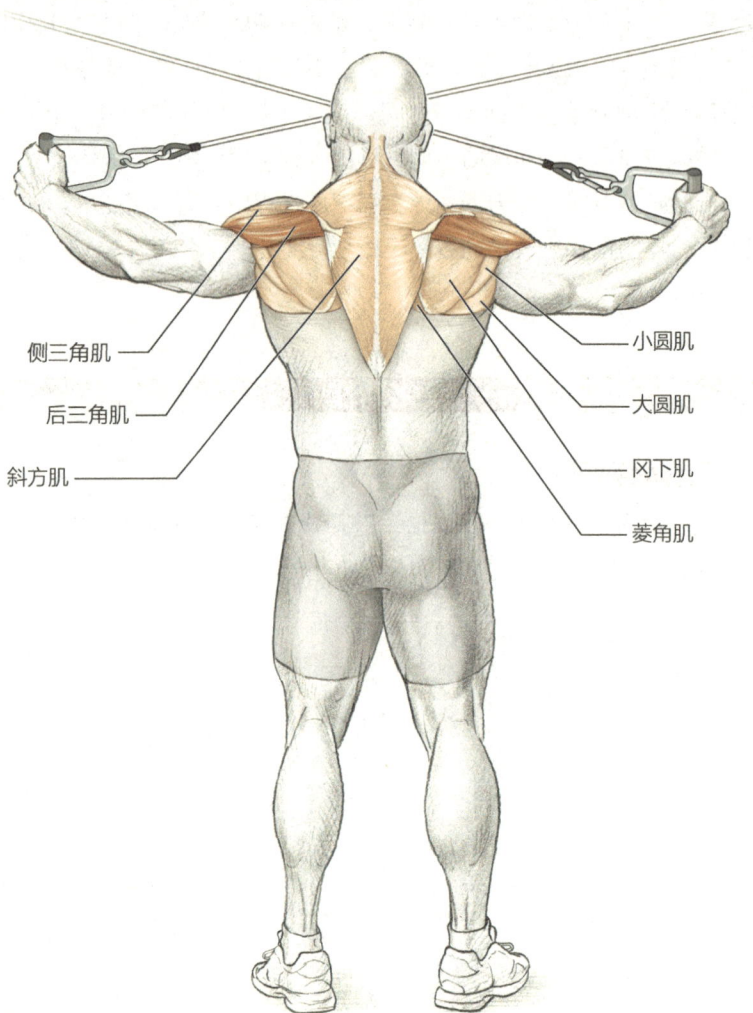

侧三角肌 ——

后三角肌 ——

斜方肌 ——

—— 小圆肌

—— 大圆肌

—— 冈下肌

—— 菱角肌

训练步骤

1. 直立于拉力器中间，面对滑轮。采用拇指向上的握式，双手各握一个连接高处滑轮的手环。左手拉右手环，右手拉左手环。

2. 手臂轻微下拉，与地面基本保持平行，直到手臂与肩膀在一条线上，整个身体形成 T 形。

3. 双臂还原为初始姿势，此时右手在左肩的正前方，左手在右肩的正前方。

涉及的肌肉

主要肌群： 后三角肌

辅助肌群： 侧三角肌、斜方肌、菱角肌、冈下肌、小圆肌、大圆肌

训练要点讲解

轨迹： 为了重点练习后三角肌，手臂应该直接向后伸展并轻微向下，手臂几乎与地面平行。如果手臂过高，高于肩膀，斜方肌与侧三角肌会参与运动。

身体姿势： 身体直立、与地面垂直时，后三角肌的锻炼效果达到最佳，反之，如果身体前倾或后仰，都无益于锻炼。

运动范围： 运动开始时，如果双手交叉，可以增加运动范围。这样就增加了肌肉伸展距离，更加有利于后三角肌的锻炼。

后三角肌

变化动作

有支撑的拉力器反向交叉

你可以在锻炼时坐直或站立，胸部依靠在靠背上。将长椅放于两个拉力器中间。无论是坐在长椅上或站在长椅上，你都必须处于较高的位置，确保在运动时手臂没有障碍。拉力器的滑轮应该固定在比手高或者与手在同一高度的位置。这个版本的变化动作使下背部更放松，因此更能着重于三角肌的锻炼。

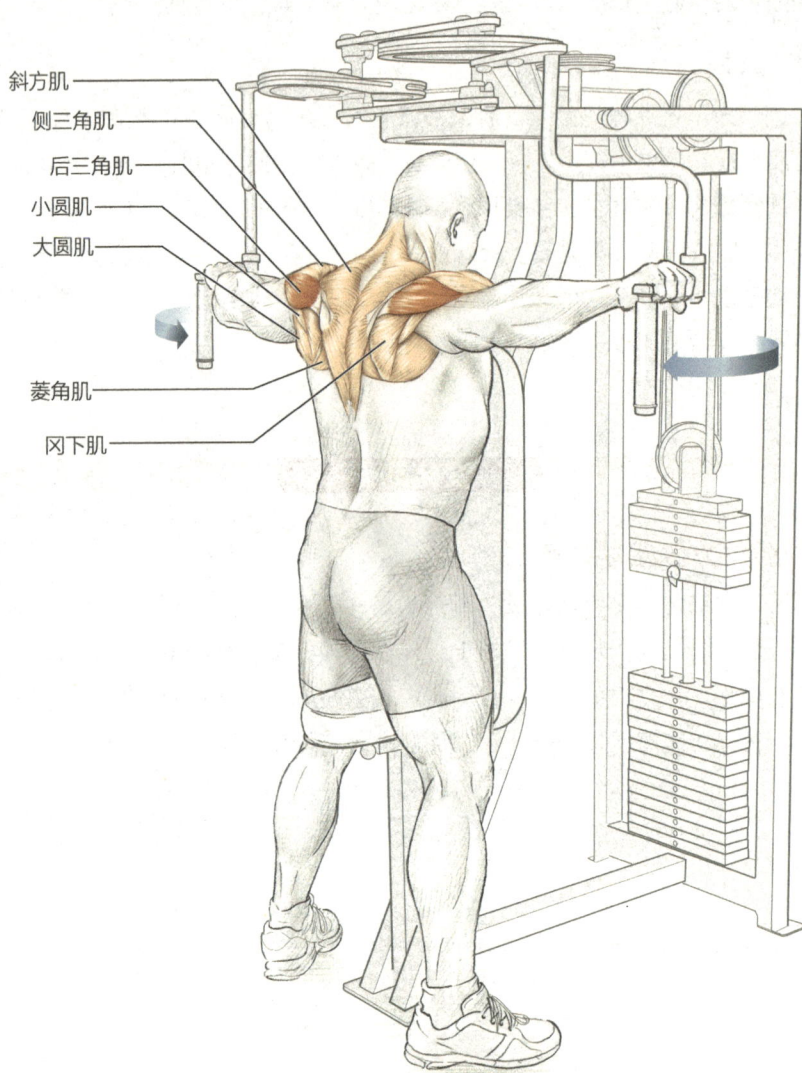

斜方肌
侧三角肌
后三角肌
小圆肌
大圆肌
菱角肌
冈下肌

训练步骤

1. 站立于后三角肌拉伸器械前，胸部顶在挡板上。双手在身前握住手柄，与肩膀齐高，向身体两侧拉伸。

2. 保持肘关节与肩膀齐高、与地面平行的情况下，尽量将手柄向后方、向远处推。

3. 双臂放松，将手柄还原到初始位置，位于身体的正前方。

涉及的肌肉

主要肌群：后三角肌

辅助肌群：斜方肌、菱角肌、侧三角肌、冈下肌、小圆肌、大圆肌

训练要点讲解

阻力： 与拉力器相同，后三角肌拉伸器械在整个运动过程中提供相同的阻力。同时，此器械还提供了一些握式的技术调整、轨迹变化以及不同的运动范围来单独帮助后三角肌进行锻炼。

握式： 最新型的后三角肌拉伸器械提供了不同的手柄供健身者选择：一对与地面平行，一对与地面垂直。握手柄的方式会对肩关节的翻转程度产生影响。采用水平手柄，利用正握式（手掌向下），肩部向内翻转。是单独进行后三角肌锻炼的最佳选择，使用垂直手柄时采用中立握式（拇指向上），由于此时肩部向外翻，可以使侧三角肌参与运动。

轨迹： 通过改变抬升轨迹，可以针对某些相关的肌群进行锻炼。手柄位置与肩齐高或低于肩部时，后三角肌得到最佳的锻炼，此时手臂大约与地面平行。如果手柄位置高于肩部，同时又是坐姿，那么在运动过程中斜方肌受力最大。

运动范围： 可以通过单臂运动增加运动范围（参见变化动作）。

变化动作

单臂器械后三角肌拉伸

双臂依次进行运动会减少斜方肌以及肩胛肌的作用，因此能够隔离后三角肌，增加后三角肌的锻炼。也可以在单臂运动中通过改变坐姿来调整运动范围。坐于器械前，内侧肩膀接触挡板，利用外侧手臂完成运动。这样会使运动时起点距离运动手臂更远，为三角肌提供更有力的拉伸，增加三分之一的运动效果。

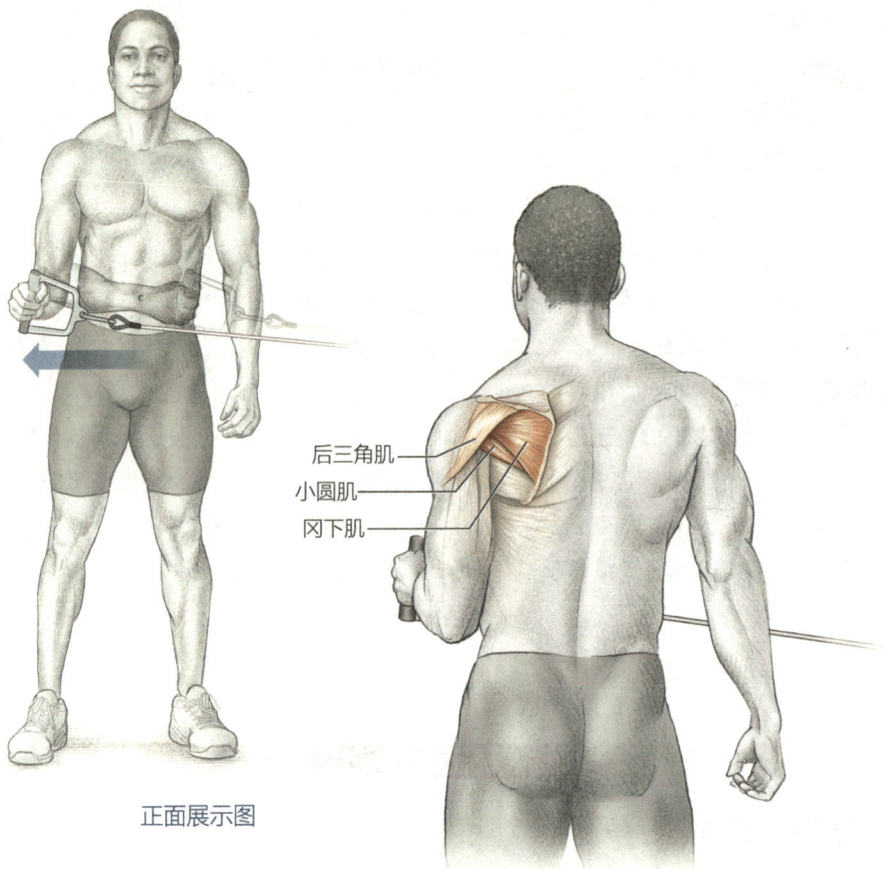

后三角肌

小圆肌

冈下肌

正面展示图

训练步骤

1. 站立或坐于拉力器一侧，将拉力器的滑轮调整在腰部位置。利用外侧手臂握住手环，拇指向上。

2. 保持肘关节紧贴体侧，将拉力器沿弧线向身体外侧拉伸，保持前臂与地面平行。

3. 缓慢还原为初始姿势，手还原到肚脐位置。

涉及的肌肉

主要肌群： 冈下肌、小圆肌

辅助肌群： 后三角肌

训练要点讲解

轨迹： 在运动过程中，冈下肌和小圆肌参与运动，使得肩关节外旋。手沿着水平方向向外拉伸，同时前臂与地面保持平行。上臂与地面垂直，肘关节紧贴于体侧。

运动范围： 手在空中的运动轨迹大约成 90 度角，像时钟从 10 点走向 2 点。

阻力： 此动作不可以利用哑铃来完成，由于与地面垂直站立，重力无法为肩袖肌群提供阻力。如果要使用哑铃，你需要平躺或斜倚，这样重力才能作用于肩袖肌群（参见变化动作）。

变化动作

哑铃外旋

与运动长椅成垂直角度平躺，上半身躺于长椅上，肘关节与长椅接触。单手握住哑铃，前臂垂直抬起，肘关节成 90 度。保持肘关节紧贴长椅，将哑铃前后画弧线，直到手臂几乎与地面平行。

倾斜哑铃外旋

侧卧于地板或长椅上，身体上方的手握住哑铃。身体姿势类似于本章中将要介绍的斜板前举。

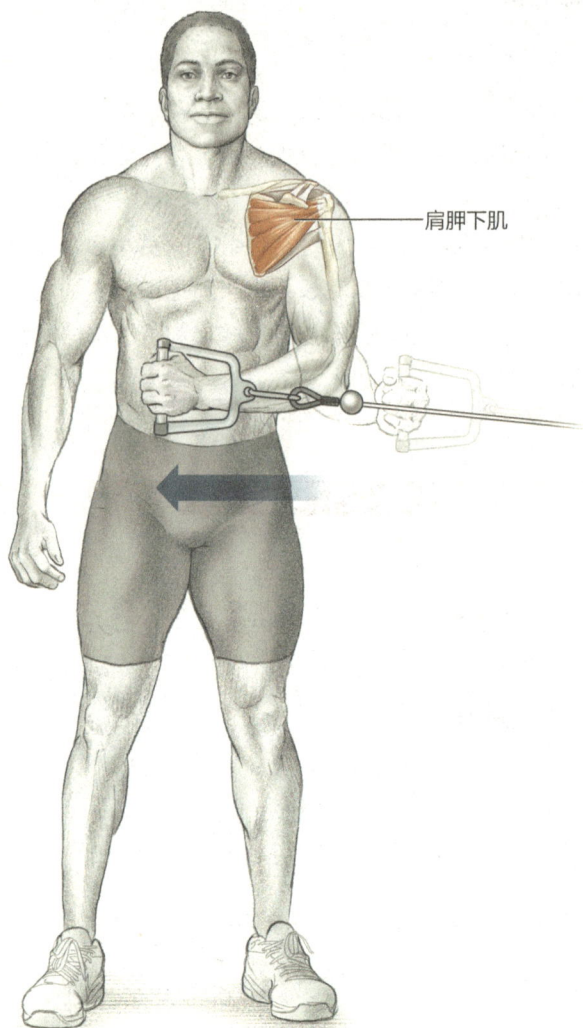

肩胛下肌

训练步骤

1. 站立于拉力器的一侧，将拉力器滑轮调整到腰部位置。利用内侧手臂，手握手柄，拇指向上。

2. 肘关节紧贴腰部，手臂于身体前方将拉力器向内拉伸，保持前臂与地面平行。

3. 慢慢还原到初始姿势。

涉及的肌肉

主要肌群： 肩胛下肌

辅助肌群： 胸大肌

训练要点讲解

轨迹： 在运动中，肩胛下肌的运动产生肩关节内旋。手沿水平线运动，穿过身体前方，同时前臂保持与地面平行。肘关节与前臂紧贴体侧。

运动范围： 手沿 90 度画弧线，手的运动轨迹像时钟从 10 点走向 2 点。

阻力： 此动作不可以利用哑铃来完成，由于与地面垂直站立，重力无法为肩袖肌群提供阻力。如果要使用哑铃，你需要平躺下来，这样重力才能作用于肩袖肌群（参见变化动作）。

变化动作

哑铃内旋

与运动长椅成垂直角度平躺，上半身躺于长椅上，肘关节与长椅接触。单手握住哑铃，前臂伸展，几乎与地面平行，保持肘关节成 90 度，紧贴长椅，将哑铃向上画弧线，直到手臂与地面垂直。

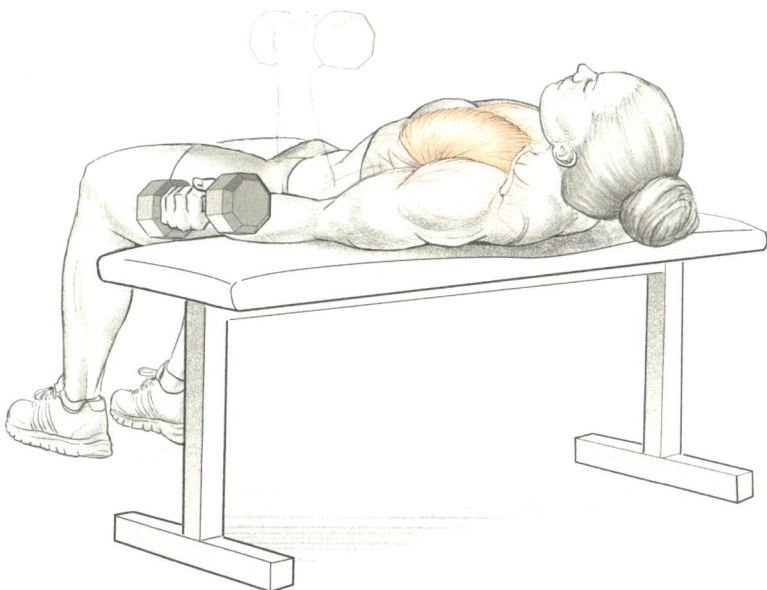

肩袖肌群

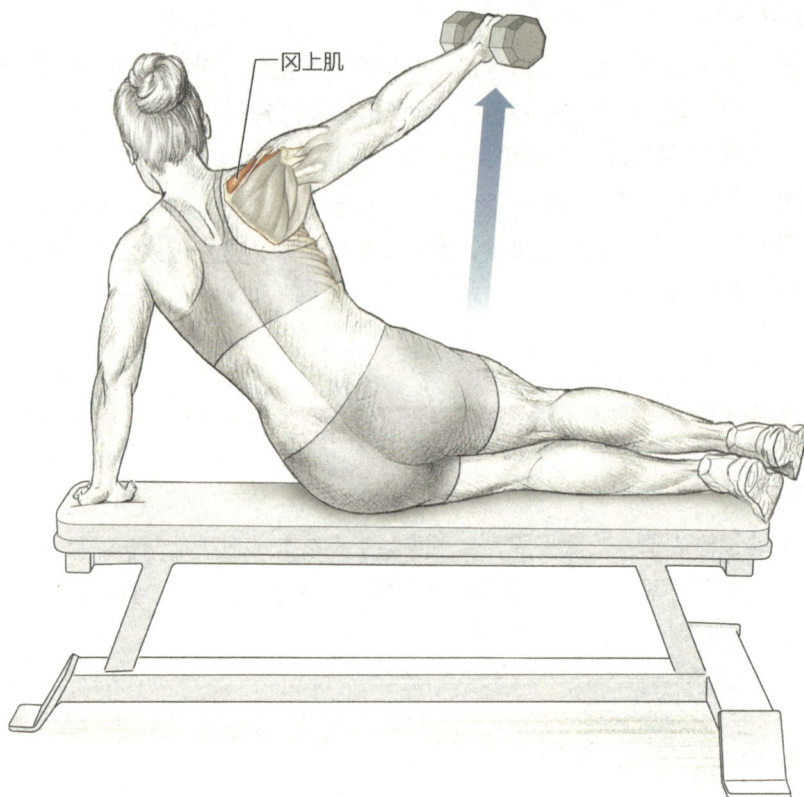

冈上肌

训练步骤

　　1. 侧躺于长椅上，长椅与身体成45度角，内侧手臂支撑起身体，另一只手采用正握式握住哑铃。

　　2. 将哑铃侧举至头的高度，保持手臂伸直。

　　3. 慢慢放下手臂，回到腰部位置。

涉及的肌肉

主要肌群：冈上肌

辅助肌群：侧三角肌、前三角肌

训练要点讲解

运动范围：在手臂抬起 15 度到 20 度角的过程中，主要依靠冈上肌的作用力。身体成斜倚姿势时，重力在早期侧举抬臂的过程中最大，主要作用在冈上肌上。

轨迹：哑铃由髋关节前方抬起时，冈上肌的锻炼效果达到最佳。

握式：此练习建议使用正握式（手掌向下）。

变化动作

拉力器侧举

拉力器侧举在前面已经有所介绍，它是斜板侧举的一种变化动作。运动中，手臂抬起在到达 60 度角的过程中，冈上肌主要发力。为了重点练习肩袖肌群，手到达胸部位置时停止继续向上运动。

哑铃侧举

之前介绍过的哑铃侧举（无论是坐姿还是站立），是斜板侧举的一个变化动作。你可以单臂单次进行运动，也可以双臂同时进行。

肩袖肌群

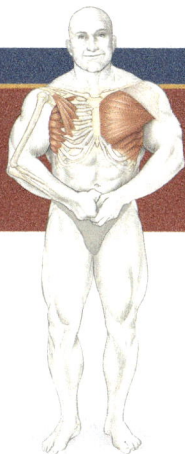

第 2 章

胸部

胸大肌（如图 2.1 所示）是一块扇形肌肉，由两个部分或两个头组成。锁骨上端的头来自锁骨，胸骨下段的头来自胸骨。这两个部分由胸壁向外交错形成一个单一的肌腱，与上臂的肱骨相连。随着肌肉的插入，肌腱发生扭曲，因此，锁骨上端的头在胸骨下段的头的下方。当胸大肌运动时，会带动肩关节一起运动。胸大肌内转、伸缩使得手臂内转，因此在执行俯卧撑和熊抱动作时，才能手臂前伸或双臂交叉在胸前。虽然胸大肌只有两个组成部分，但是从功能上讲，根据手臂移动的角度，它可以分为上、中、下三个部分。随着肩关节位置的变化，某些胸部肌肉纤维具有更好的机械运动优势来实现某些动作。其他胸部肌肉纤维也会参与运动，但是囿于肩膀的位置而不能过多地参与其中。

胸大肌————

胸小肌————

前锯肌————

胸大肌附着的多个骨骼

胸骨柄————

胸骨————

锁骨————

肱骨————

肋骨————

剑突————

■ 锁骨端
■ 胸骨端
■ 隆起

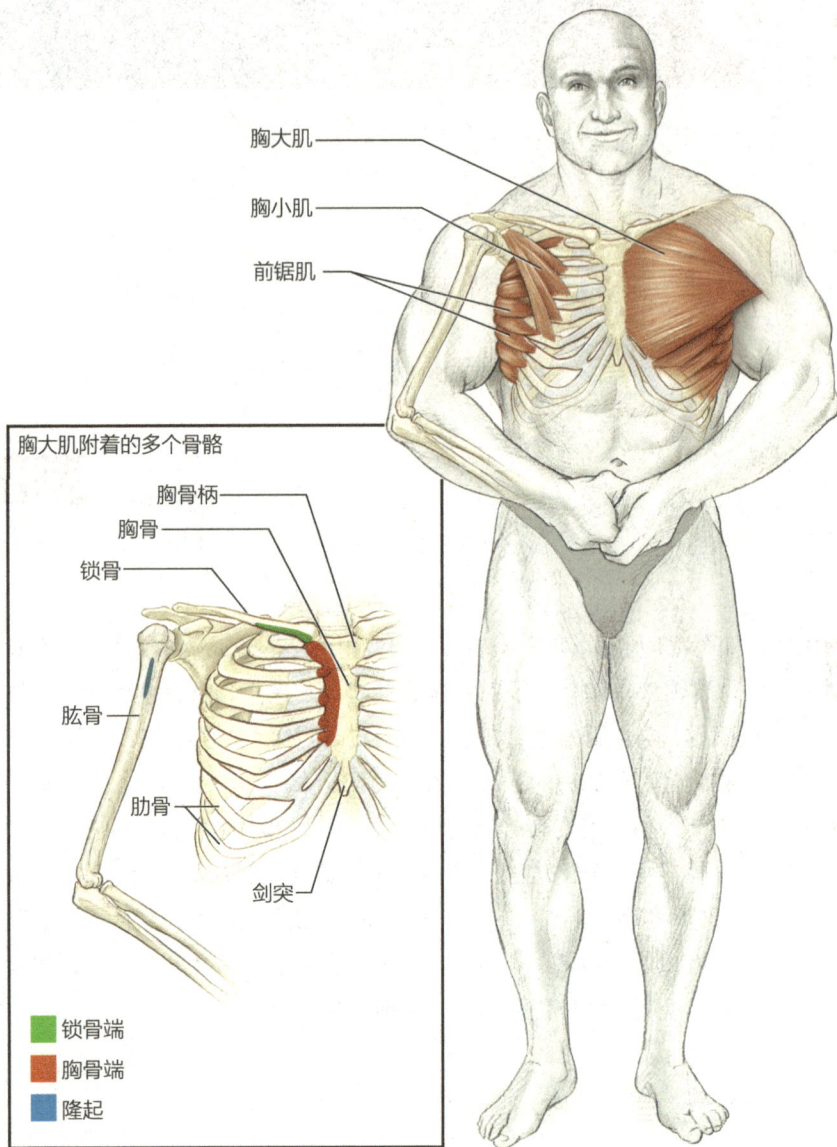

图2.1　胸部展示图

　　胸腔侧壁由前锯肌形成。此肌群由肩胛骨后方长出，向前通过胸壁与上 8 根肋骨相连。此块肌肉的锯齿边缘在胸肌边缘下方长出。前锯肌把肩胛骨向前拉，与肋骨相连保持其稳定。前锯肌会积极参与大多数的运动，特别是在俯卧撑或推举的静止时刻。

　　胸小肌处于胸大肌下方。在胸部塑形的运动中发挥的作用较小。

上胸大肌

前三角肌
上胸大肌
肱三头肌

训练步骤

1. 坐于斜椅子上，双手与肩同宽，采用正握式（手掌向前）握住杠铃。

2. 缓慢降低杠铃直到横杠与上胸部接触。

3. 双手将杠铃垂直推起，直到肘关节闭合（手臂伸展）。

涉及的肌肉

主要肌群： 上胸大肌

辅助肌群： 前三角肌、肱三头肌

训练要点讲解

轨迹： 倾斜的角度决定运动的轨迹。由于长椅倾斜，靠背被抬起，因此对胸大肌的锻炼逐渐增加。靠背倾斜角度在 30 度至 45 度时，对上胸大肌的针对性锻炼达到最佳效果。角度调整到 60 度或以上时，主要针对前三角肌进行锻炼。

手间距： 与肩同宽或稍宽于肩的手间距能够锻炼到上胸大肌的所有肌肉。手间距窄主要强调胸部的中心位置，要求肱三头肌发力。手间距宽针对上胸大肌的外延部分，减少肱三头肌的用力。但是，手间距过宽会增加受伤的风险。

运动范围： 为了达到最佳的胸肌锻炼效果，杠铃下降时，肘关节微微向外弯曲。肘关节闭合前短距离的重复推举动作主要针对胸肌进行锻炼，同时减少肱三头肌的介入。

变化动作

器械斜式推胸

器械斜式推胸的变化动作比标准的杠铃推胸更稳定更安全。许多器械能够为健身爱好者提供不同的握式。中立握式（拇指向上，掌心相对）比正握式（掌心向前）更能强调胸大肌的锻炼。

上胸大肌

前三角肌

上胸大肌

肱三头肌

训练步骤

1.坐于倾斜长椅上。双手各握一哑铃与胸部保持同一高度，掌心向前。

2.将哑铃垂直向上推举，直到肘关节闭合（伸直手臂）

3.弯曲肘关节，缓慢放下哑铃于胸前。

涉及的肌肉

主要肌群： 上胸大肌

辅助肌群： 前三角肌、肱三头肌

训练要点讲解

轨迹： 倾斜的角度决定运动的轨迹。由于长椅倾斜，靠背被抬起，因此对胸大肌的锻炼逐渐增加。靠背倾斜角度在 30 度至 45 度时，对上胸大肌的针对性锻炼达到最佳效果。角度调整到 60 度或以上时，主要针对前三角肌进行锻炼。

握式： 哑铃的方向影响手部姿势。采用正握式（掌心向前），在哑铃还原到初始位置时能够为肌肉提供更多的拉伸。使用中立握式（掌心相对），在肘关节闭合时能够产生更好的肌肉收缩效果。

运动范围： 为了达到最佳的胸大肌锻炼效果，哑铃下降时以及胸部触及到哑铃顶部时，肘关节微微向外弯曲。肘关节闭合前短距离的重复推举动作主要针对胸肌进行锻炼。哑铃下降的位置越低，胸大肌越能得到拉伸。但是如果哑铃位置过低，将会增大肩部受伤的风险。比较安全的方式是当哑铃到达胸部位置时即可停止其下降。

◀ 变化动作 ▶

握式变化 – 哑铃推胸

练习开始，双手各握一哑铃，采用正握式（掌心向前）。在推举过程中翻转哑铃，当肘关节闭合、手臂伸直时成中立握式。

前三角肌

上胸大肌

涉及的肌肉

主要肌群： 上胸大肌

辅助肌群： 前三角肌

训练要点讲解

轨迹： 倾斜的角度决定运动的轨迹。由于长椅倾斜，靠背被抬起，因此对胸大肌的锻炼逐渐增加。靠背倾斜角度在 30 度至 45 度时，对上胸大肌的针对性锻炼达到最佳效果。

握式： 哑铃的方向影响手部姿势。扩胸练习时，最佳的握式应该是中立握式（掌心相对），但是正握式能够适用于其他变化动作。

运动范围： 哑铃的高度越低，胸部肌肉越能得到拉伸。但是，过度拉伸会损伤肌肉和肩关节。为安全起见，哑铃达到胸部高度时即可。

上胸大肌

变化动作

器械蝴蝶式扩胸

进行器械蝴蝶式扩胸（本章稍后介绍）时，坐于器械较低的位置，手柄在眼睛的高度，主要针对上胸大肌进行锻炼。

上胸大肌

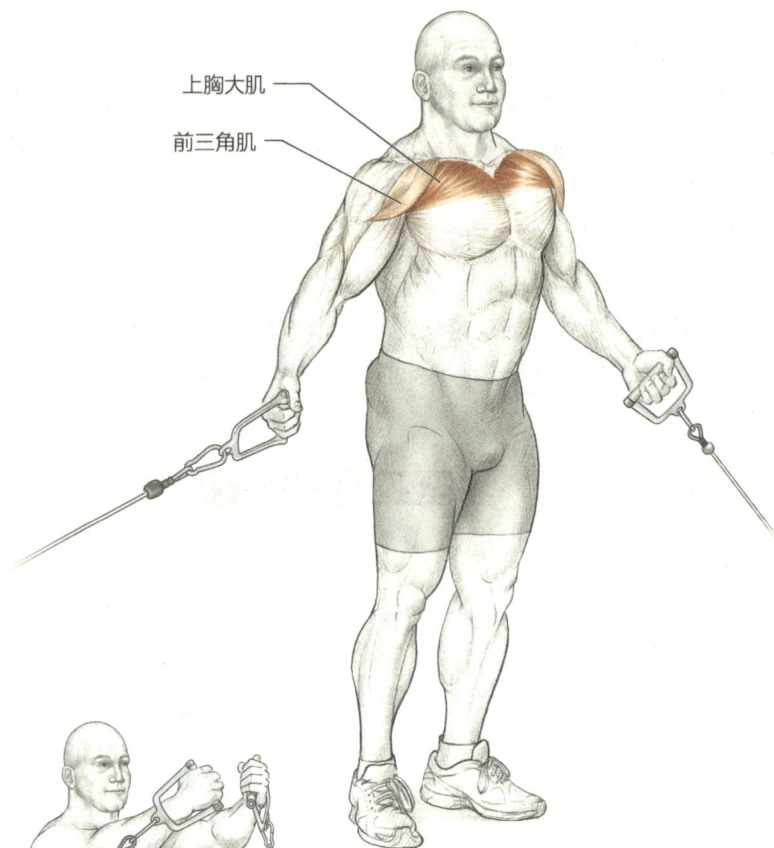

上胸大肌

前三角肌

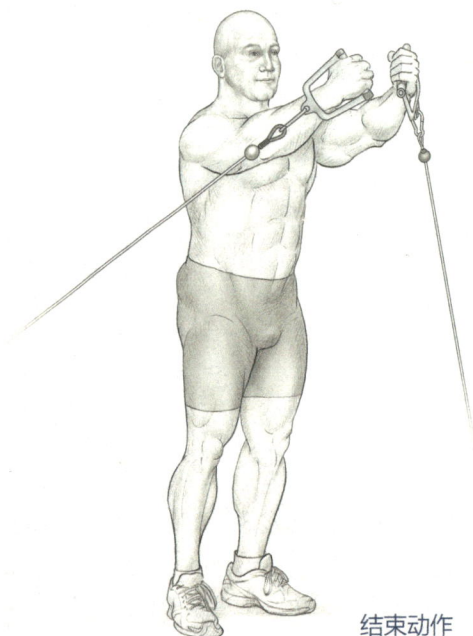

结束动作

训练步骤

1. 两手各握住一个 D 形手柄，拉力器的滑轮安放在低处。站立于拉力器两侧的配重片之间，面向前方。

2. 手臂沿向前的弧度抬起，直到两个手环在双臂抬起后接触。

3. 保持肘关节稳定，缓慢地将两个手柄放下，还原到初始姿势。

涉及的肌肉

主要肌群： 上胸大肌

辅助肌群： 前三角肌

训练要点讲解

轨迹： 面向前方，直立。这样拉力器的滑轮会在身体后方，为胸部肌肉的锻炼提供了更好的运动轨迹。

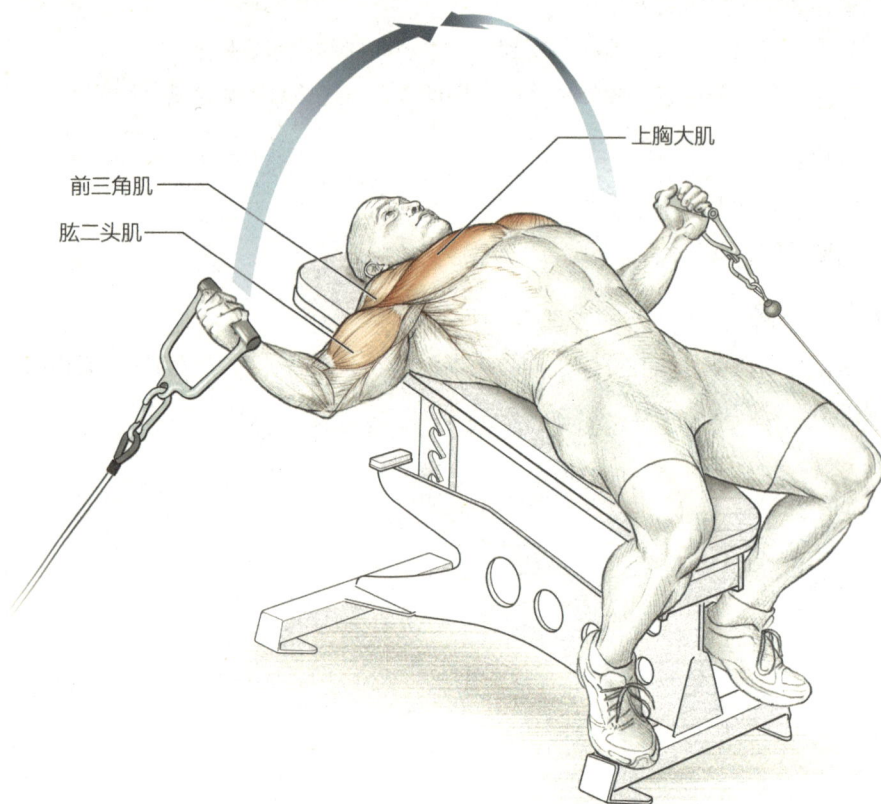

拉力器斜式扩胸

上胸大肌

上胸大肌

前三角肌

肱二头肌

训练步骤

1. 仰面躺于倾斜的运动长椅上，长椅放置于拉力器的两个轮滑之间，双手各握一个 D 形手柄。手柄的高度应该在胸部附近。

2. 向上抬起手臂，直到两个手柄在手上方接触。

3. 保持肘关节稳定，缓慢地将两个手柄放下，还原到初始姿势。

涉及的肌肉

主要肌群：上胸大肌

辅助肌群：前三角肌、肱三头肌

训练要点讲解

轨迹：倾斜的角度决定运动的轨迹。由于长椅倾斜，靠背被抬起，因此对胸大肌的锻炼逐渐增加。靠背倾斜角度在 30 度至 45 度时，对上胸大肌的针对性锻炼达到最佳效果。

握式：轻微弯曲肘关节，在手臂下降的过程中微微减少肱二头肌的紧张感。

运动范围：手环的位置越低，胸肌越需要更用力地拉伸。但是过分拉伸会造成肌肉和肩关节损伤。为安全起见，手环达到胸部高度时即可。

中胸大肌

肱三头肌　　　　　胸大肌　　　　　前三角肌

训练步骤

1. 仰卧于水平的运动长椅上，采用正握式，双手与肩同宽，握住杠铃。

2. 缓慢降低杠铃的高度，直到杠铃触碰胸腔的中心位置。

3. 垂直将杠铃向上推出，直到肘关节闭合、手臂伸直。

涉及的肌肉

主要肌群：胸大肌

辅助肌群：前三角肌、肱三头肌

训练要点讲解

身体姿势：身体应该平躺，双肩及臀部与长椅接触。双脚触地保持身体稳定。如果下背部拱起或臀部由长椅抬起，那么主要作用力将会在下胸大肌。双脚抬起、弯曲膝盖可以帮助你将主要用力放在胸部的中心位置，但是双脚离地会减少身体的稳定与平衡。

手间距：最理想的手间距应该是与肩同宽或略宽。窄握式主要强调了内胸大肌和肱三头肌的锻炼。宽握式则针对外侧肌肉进行锻炼，减少肱三头肌的参与。

轨迹：杠铃应该由胸部中间位置（乳头位置）垂直向上和向下。杠铃向下时，肘关节向外弯曲，以此加大胸大肌的锻炼。

运动范围：肘关节闭合前缩短重复练习的距离能够保持胸肌的紧张感，同时减少肱三头肌的参与。

握式：采用反握式将着力部位转移到肱三头肌上。

变化动作

器械胸推

相比于标准的杠铃卧推，器械胸推更稳定更安全。许多器械都能够提供不同握式的选择。中立握式（拇指向上，掌心相对）比反握式（手掌向上）更能单独进行胸肌锻炼。

窄距握式卧推

两手间距保持约6英寸（约15厘米）的距离。这种短距握式卧推主要针对内侧胸大肌以及肱三头肌进行锻炼。

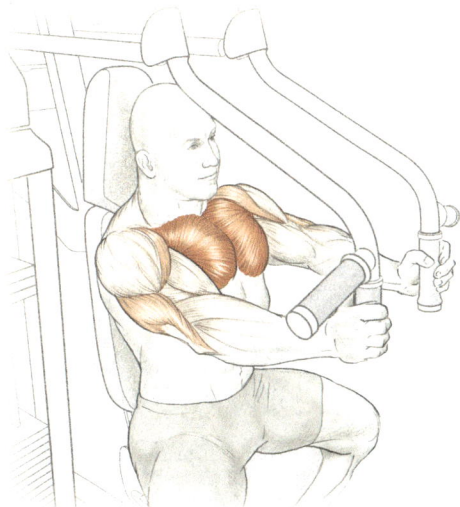

中胸大肌

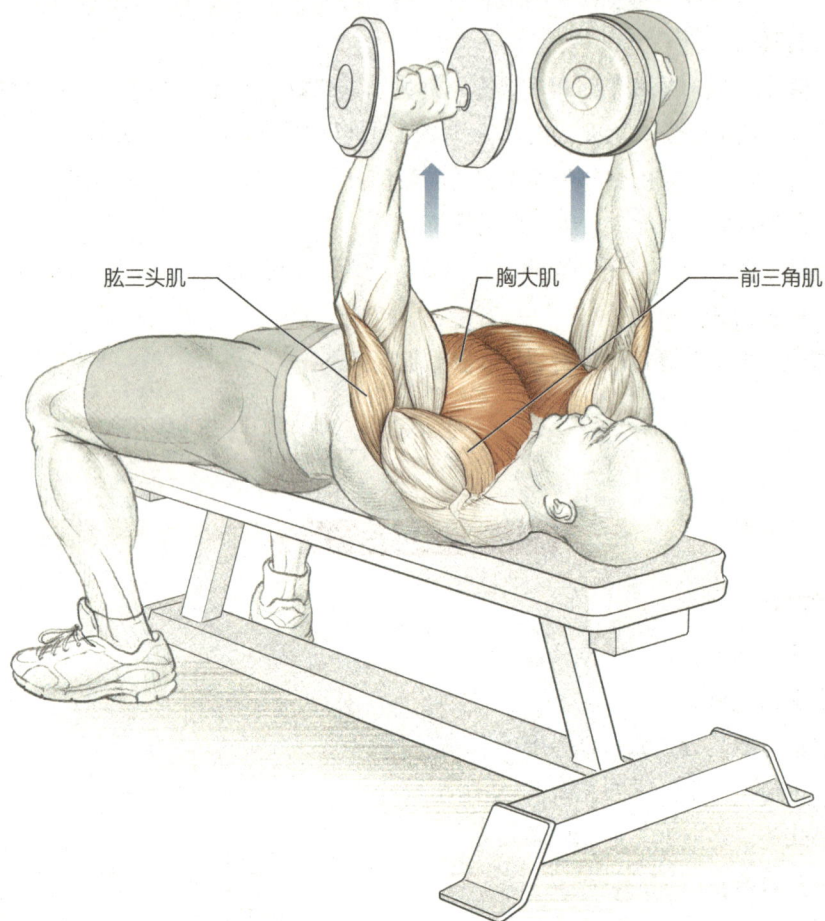

肱三头肌   胸大肌   前三角肌

训练步骤

1. 平躺于长椅上，双手各握一哑铃于胸前，掌心向前。

2. 由胸部位置开始垂直将哑铃向上推，直到肘关节闭合、手臂伸直。

3. 缓慢弯曲手臂，降低哑铃的高度，还原于胸前位置。

涉及的肌肉

主要肌群：胸大肌

辅助肌群：前三角肌、肱三头肌

训练要点讲解

握式：哑铃的方向影响手部姿势。采用正握式（掌心向前）能够在哑铃高度降低、还原为初始姿势时提供更多的肌肉拉伸。使用中立握式（掌心相对），在肘关节闭合时能够产生更好的肌肉收缩效果。

轨迹：身体应该平躺于长椅上，哑铃由胸部中心（乳头位置）开始向上或向下运动。为了最大程度地单独进行胸肌的锻炼，在哑铃下降时肘关节向外，同时在肘关节闭合时将两个哑铃碰撞在一起。

运动范围：肘关节闭合前短距离的重复推举动作能够保持胸肌的紧张感，减少肱三头肌的参与。哑铃下降的位置越低，胸肌越能得到拉伸。但是如果哑铃位置过低，将会增大肩部受伤的风险。比较安全的方式是当哑铃达到胸部位置时即停止下降。

中胸大肌

变化动作

变化握式哑铃卧推

初始姿势：双手各握一哑铃，采用正握式（掌心向前）。在推举过程中翻转哑铃，在肘关节闭合时，由掌心向前变成掌心相对（中立握式）。

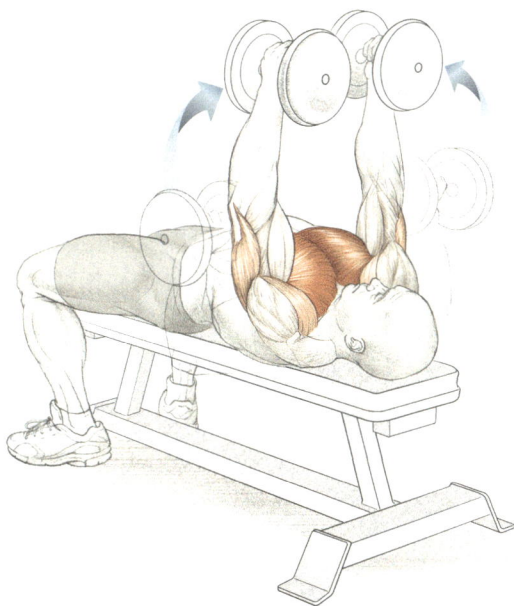

中胸大肌

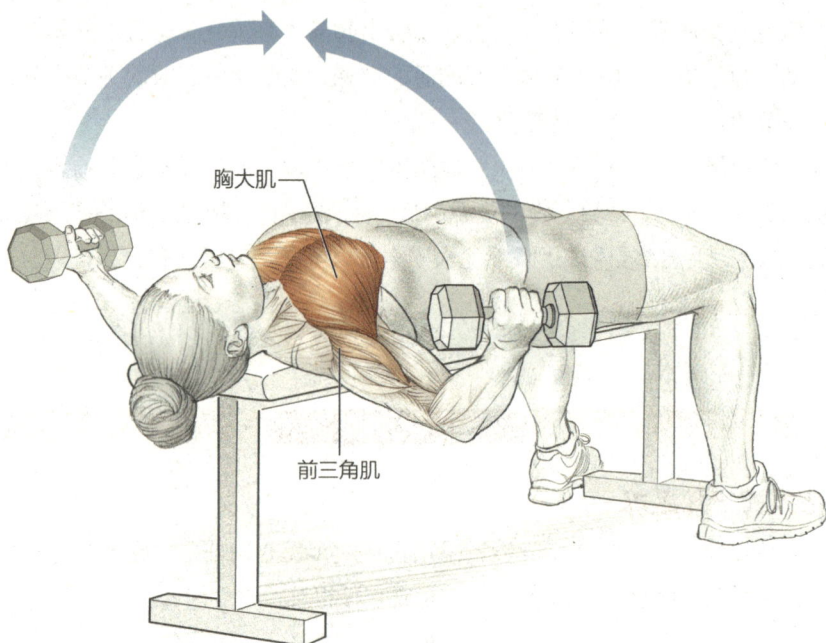

胸大肌

前三角肌

训练步骤

1. 平躺于长椅上，两手各握一哑铃。初始动作是掌心相对，哑铃直接于胸部上方开始，手臂伸直。

2. 在身体两侧将哑铃放下。随着哑铃高度的降低，肘关节轻微弯曲的直到哑铃降至胸部位置。

3. 沿向上的弧线将哑铃举起，与身体垂直。

涉及的肌肉

主要肌群： 胸大肌

辅助肌群： 前三角肌

训练要点讲解

握式： 哑铃的方向影响手部姿势。采用中立握式（掌心相对）时，扩胸练习达到最佳效果，但是正握式（掌心向前）可以适用于其他变化动作。

运动范围： 哑铃的高度越低，胸肌得到的拉伸越大。但是过度拉伸会增加受伤的风险。为安全起见，哑铃降低的高度应该控制在胸部附近。

中胸大肌

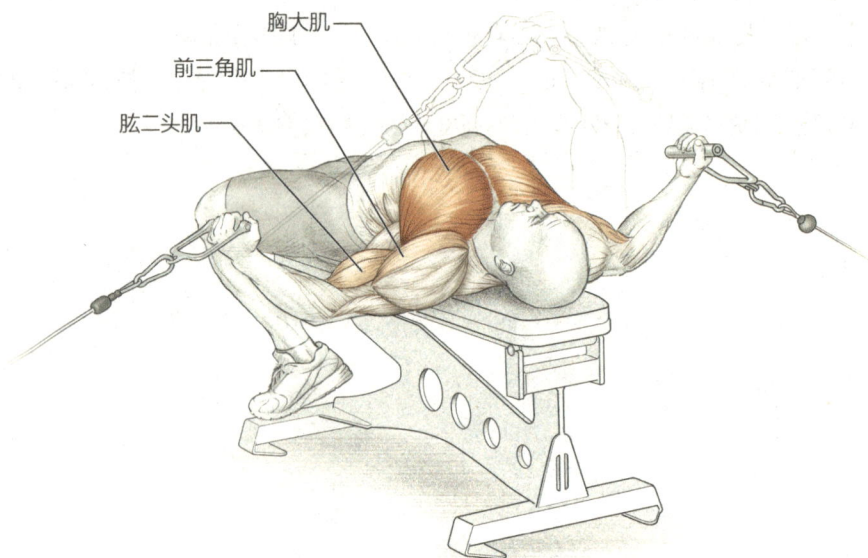

胸大肌

前三角肌

肱二头肌

训练步骤

1. 平躺于长椅上，长椅置于两个拉力器的滑轮之间。手握 D 形手环，该手环与低处的滑轮相连。手柄的高度应该在胸部附近。

2. 手臂上抬，直到两个手柄在胸部上方接触。

3. 保持肘关节弯曲，缓慢降低手柄的高度，还原得到初始姿势，手柄的高度在胸部附近。

涉及的肌肉

主要肌群： 胸大肌

辅助肌群： 前三角肌、肱二头肌

训练要点讲解

轨迹： 平椅扩胸最能针对中部胸大肌进行锻炼。平椅上倾，受力将逐渐转向上胸部，相反，平椅下倾将针对下胸部进行练习。

握式： 在降低手柄高度的过程中保持肘关节弯曲，能够减少肱二头肌的紧张感。

运动范围： 手柄的高度越低，胸肌得到的拉伸越大。但是过度拉伸会增加肌肉和肩关节受伤的风险。为安全起见，手柄的高度应该控制在胸部附近。

中胸大肌

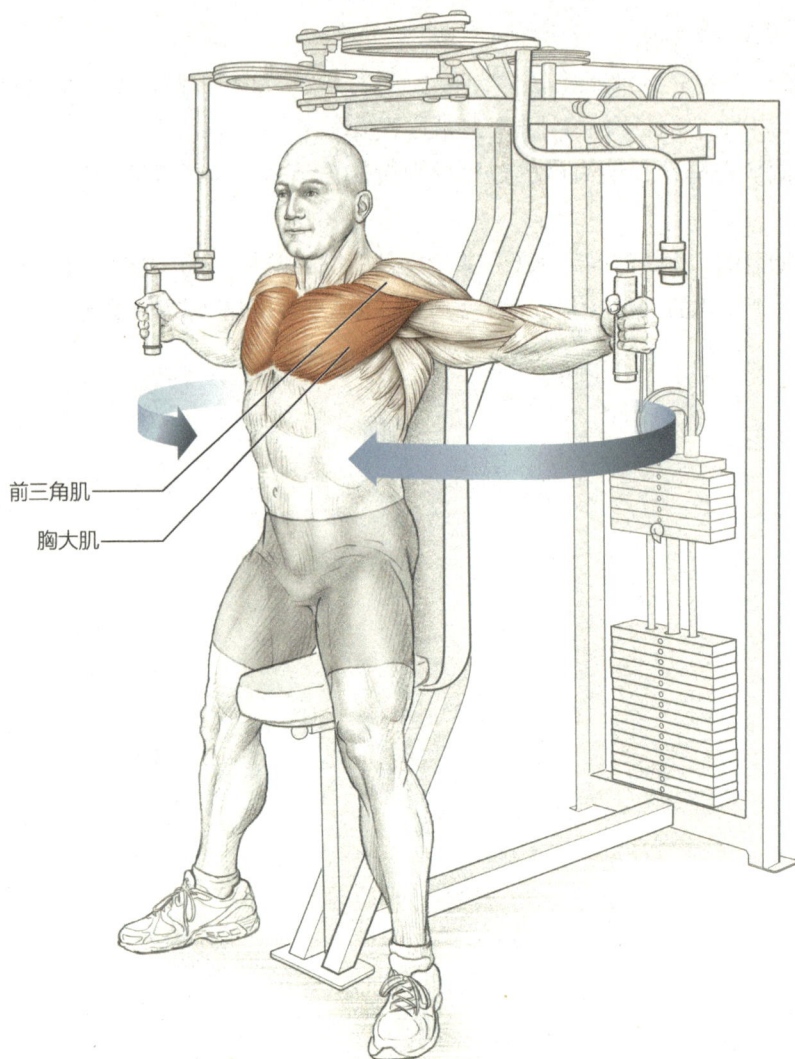

中胸大肌

前三角肌

胸大肌

训练步骤

1. 手握垂直手柄，肘关节轻微弯曲。

2. 用力挤压手柄，直到两个手柄在胸前接触。

3. 手臂向后还原到初始姿势，保持肘关节与地面平行。

涉及的肌肉

主要肌群： 胸大肌

辅助肌群： 前三角肌

训练要点讲解

握式： 采用中立握式（掌心相对）最适于扩胸练习，但是正握式（掌心向前）适用于其他变化动作。肘关节保持稳定，同时在整个运动过程中保持轻微弯曲。

运动范围： 双臂用力挤压手柄时，胸大肌内部的中央部分并没有过多地参与到运动中来。为了强调内侧胸大肌的锻炼，要缩小运动范围，将注意力放在挤压动作上。进行部分重复练习，双手在空中沿45度角小范围滑动，由12点钟方向（两个手柄接触）开始，两臂向外侧分别向10点钟（左臂）和2点钟（右臂）方向外伸。保持肘关节伸直来达到最佳的挤压效果。手臂向外延展时，运动重点转移到外侧胸大肌。不要使肘关节过分向外延展、超过身体平面，否侧将会受伤。为安全起见，两手臂与胸形成一条直线时停止拉伸。

轨迹： 调整座椅位置，使手柄的高度在胸部附近。为了最大限度地进行胸肌的单独练习，在整个运动中应该保持肘关节与肩齐高。

身体姿势： 座椅较低、手柄位置靠上时，主要针对上胸进行锻炼。座椅较高、手柄位置较低时，下胸大肌主要参与运动。为了针对中部胸大肌进行锻炼，应该调整座椅的位置，使手柄的高度在胸部附近。

阻力： 与哑铃扩胸练习不同，在练习过程中会存在不同的阻力，器械扩胸练习产生的阻力始终如一，能够更好地针对内侧胸大肌进行锻炼。

变化动作

胸板扩胸

胸板扩胸版本与之前的练习相似，此版本是利用肘板来代替手柄。

单臂器械扩胸

此练习需要进行单次单臂练习。

下胸大肌

下胸大肌
（胸骨头）

肱三头肌

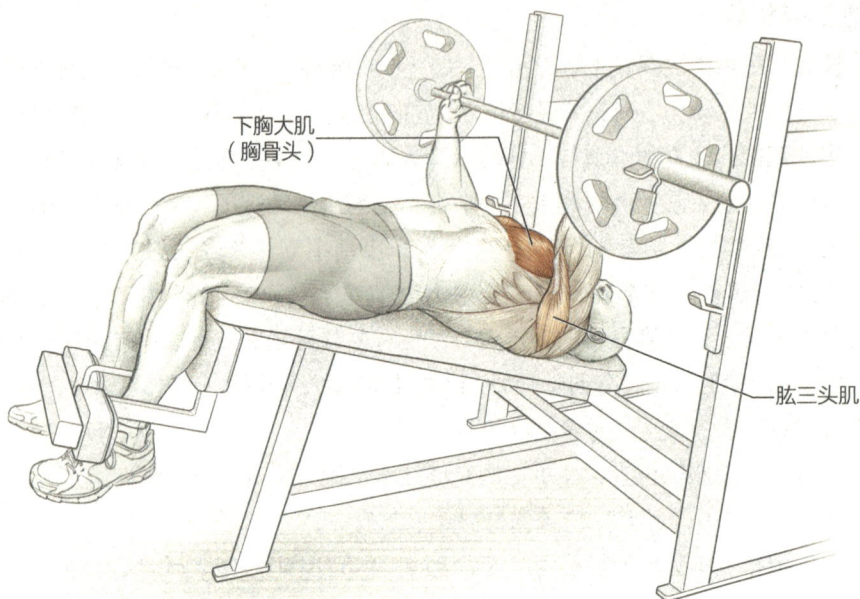

杠铃向下时的姿势

训练步骤

1. 仰卧于下斜式长椅上，采用正握式，两手与肩同宽握住杠铃。

2. 逐渐降低杠铃的高度，直到触及胸部。

3. 垂直将杠铃向上推出，直到肘关节闭合。

涉及的肌肉

主要肌群：下胸大肌（胸骨头）

辅助肌群：肱三头肌、前三角肌

训练要点讲解

轨迹：下斜角度决定运动轨迹。长椅的顶部向下倾斜，倾斜角度越来越大，将练习的重点逐步放在胸大肌的下半部分。长椅与地面形成 20 度至 40 度角时，下胸大肌的锻炼效果达到最佳。角度增大会将锻炼重点由胸大肌转移到肱三头肌上。肘关节向外弯曲能够最大效果地进行胸大肌锻炼。

手间距：最理想的手间距是与肩同宽。宽握式主要针对肌肉外侧进行锻炼，提供更大程度的拉伸，减少肱三头肌的参与。窄握式主要针对内侧胸大肌，要求肱三头肌更多地参与运动。

运动范围：肘关节闭合前短距离的重复推举动作能够保持胸肌的紧张感，减少肱三头肌的参与。

变化动作

器械下斜式推举

在器械上进行下斜式推举（比如在史密斯器械上），可以使运动更安全更稳定。

下胸大肌

下胸大肌
（胸骨头）

肱三头肌

哑铃向下时的姿势

训练步骤

1. 仰卧于下斜式长椅上，两手各握一个哑铃。哑铃保持在胸部高度，掌心向前。

2. 垂直将哑铃向上推出，直到肘关节闭合。

3. 逐渐降低杠铃高度直到胸部。

涉及的肌肉

主要肌群： 下胸大肌（胸骨头）

辅助肌群： 前三角肌、肱三头肌

训练要点讲解

握式： 哑铃的方向影响手部姿势。两手握住哑铃，掌心向前（正握式），降低哑铃的高度、还原到初始姿势时能使肌肉得到更大程度的拉伸。采用中立握式（掌心相对）能够在肘关节闭合时增加肌肉的收缩。

轨迹： 下斜角度决定运动轨迹。长椅的顶部向下倾斜，角度越来越大，将练习的重点逐步放在胸大肌的下半部分。长椅与地面形成 20 度至 40 度角时，下胸大肌的锻炼效果达到最佳。哑铃应该垂直于身体，在胸部中间位置（乳头）直上直下地进行运动。为了最大限度地单独进行胸大肌锻炼，在哑铃下降的过程中，肘关节向外并在肘关节闭合时使两个哑铃相互接触。

运动范围： 肘关节闭合前短距离的重复推举动作能够保持胸肌的紧张感，减少肱三头肌的参与。哑铃的高度越低，胸肌得到的拉伸越大，但是过度拉伸、哑铃的高度过低会增加肌肉和肩关节受伤的风险。为安全起见，哑铃的高度应该控制在胸部附近。

变化动作

变化握式 – 哑铃下斜式推举

采用正握式（掌心向前），两手各握一哑铃。在推举过程中翻转哑铃的方向，使掌心相对，在肘关节闭合前变为中立握式。

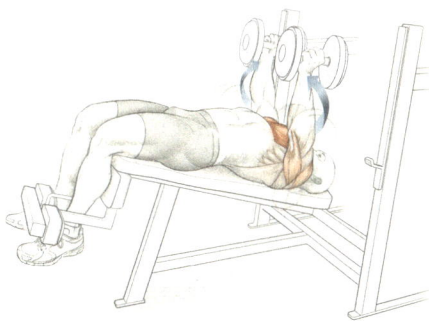

下胸大肌

下胸大肌（胸骨头）

前三角肌

肱三头肌

训练步骤

1. 仰卧于下斜的长椅上，两手各握一哑铃于胸前，掌心相对。

2. 两手向外，逐渐降低哑铃高度，双臂下降时肘关节轻微弯曲，直到降至胸部附近。

3. 两手同时举起哑铃，还原为初始姿势。

涉及的肌肉

主要肌群： 下胸大肌（胸骨头）

辅助肌群： 前三角肌、肱三头肌

训练要点讲解

轨迹： 倾斜角度决定运动轨迹。长椅的顶部向下倾斜，倾斜角度逐渐增大，将练习重点逐步放在胸肌的下半部分。长椅与地面形成 20 度至 40 度角时，下胸肌的锻炼效果达到最佳。

握式： 哑铃方向影响手部姿势。扩胸运动时采用中立握（掌心相对）运动效果最佳，但是正握式（掌心向前）也适用于其他变化动作。

运动范围： 哑铃高度越低，胸肌得到的拉伸越大，但是哑铃高度过低会增加肌肉和肩关节受伤的风险。为安全起见，哑铃降低的高度应该控制在胸部附近。

下胸大肌

变化动作

变化握式 – 哑铃扩胸

双手在胸前时，利用正握式（掌心向前）握住哑铃，在哑铃上举的过程中变化哑铃方向，哑铃达到最高高度时掌心相对，变为中立握式。

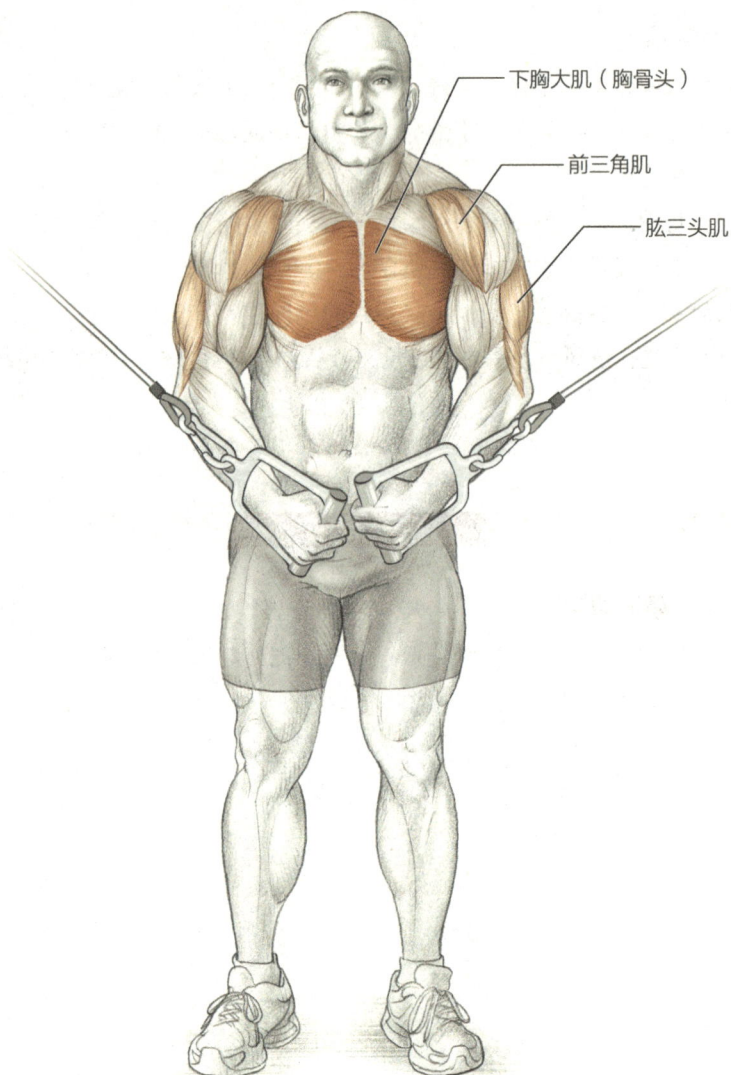

下胸大肌（胸骨头）

前三角肌

肱三头肌

训练步骤

1. 身体保持直立，双手各握一 D 形手环，压力器滑轮设置在高处。

2. 双臂向内挤压，直到两手在腰前接触。保持肘关节轻微弯曲。

3. 慢慢还原到初始姿势。

涉及的肌肉

主要肌群：下胸大肌（胸骨头）

辅助肌群：前三角肌、肱三头肌

训练要点讲解

轨迹：身体应该保持直立，与地面垂直，或腰部轻微向前倾斜。双手碰触的高度决定了受力的肌肉。轨迹较低时，手柄在臀部或腰部前方碰触，主要针对胸肌的最低纤维进行锻炼。轨迹较高时，手柄在胸前接触，主要针对胸肌的中部进行锻炼。

运动范围：运动到达最低点时双手进行交叉，可以增加运动范围，同时针对胸肌内侧中心部分进行锻炼。通过双手越过肩部或头部来扩展初始姿势，可以扩大肌肉的拉伸程度，同时可以将没必要的压力转移到肩部。

--- 变化动作 ---

坐立拉力器交叉

新型器械可以使运动爱好者在锻炼的过程中坐立于器械上，同时背部得到支撑。

双杠曲臂支撑

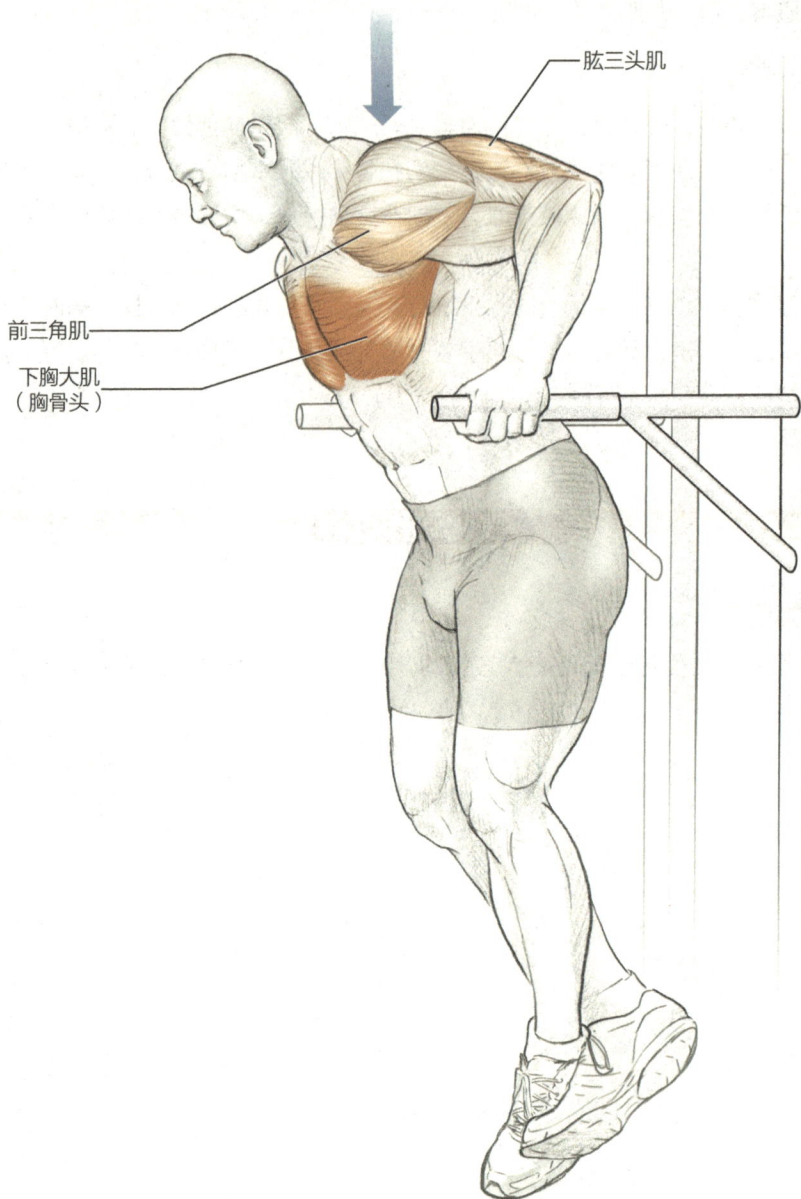

肱三头肌

前三角肌

下胸大肌
（胸骨头）

下胸大肌

训练步骤

1. 手握两平衡杠，肘关节闭合，双臂伸直支撑身体。

2. 弯曲肘关节，降低身体高度，直到上臂与地面平行。

3. 双臂伸直，肘关节闭合，将身体向上推，并还原到初始姿势。

涉及的肌肉

主要肌群：下胸大肌（胸骨头）

辅助肌群：前三角肌、肱三头肌

训练要点讲解

轨迹：身体姿势影响运动所针对的肌群。身体微微前倾更有助于胸肌的锻炼，身体前倾角度越大，胸肌得到锻炼的程度越大。身体直立时，主要针对肱三头肌进行锻炼而且身体越挺直，肱三头肌锻炼的幅度越大。在身体高度降低的同时肘关节向外能够最大程度地单独进行胸肌锻炼。

握式：在针对胸肌的练习中，拇指向前的标准握式能将运动效果最大化。拇指向后的握式将受力点转向肱三头肌。

下胸大肌

变化动作

器械曲臂支撑

此练习可以通过坐立于器械上来完成。但是由于大多数器械曲臂支撑对身体动作有限制，因此它们主要针对的是肱三头肌，而非胸肌。

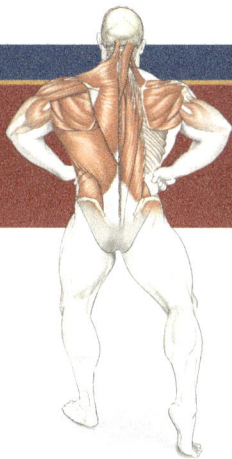

第 3 章

背部

从解剖学角度分析，后躯干（背部；图 3.1）由几个肌肉层组成，这些肌肉层像三明治一样相互叠加。从功能上看，为了达到健身的目的，背部练习通常针对三个部分，就好比缝合毯子的三角部分。

上背部主要由一块大的三角形肌肉构成——斜方肌。它沿着上脊柱生长，从头骨下方向下延伸到最后一根肋骨——也就是所有的颈椎和胸椎。斜方肌的上部分肌肉纤维附着在锁骨、肩峰以及肩胛骨。斜方肌中部和下部肌肉纤维主要在上背部与肩胛骨相连。上斜方肌能够抬升肩胛骨完成肩部拉力动作，以及翻转肩胛骨来协助肩部完成外展动作。中部斜方肌能够将肩胛骨撤回，使肩膀向后拉。下部斜方肌使肩胛骨向下。

斜方肌下方还有三块肌肉将肩胛骨固定在脊椎上：肩胛提肌、大菱角肌、小菱角肌。肩胛提肌主要协助上下斜方肌提升肩胛骨。大菱角肌和小菱角肌与中部斜方肌合作使肩胛骨撤回。这三部分肌肉位于斜方肌下方，增加了上背部肌肉的厚度。

中背部由背阔肌构成，背阔肌是一大块扇形肌肉，位于从脊柱下半部分到盆骨后脊（后髂嵴）。由于所处的位置，背阔肌收缩成一个带状肌腱，向上连接到上肱骨，向下连接到胸大肌肌腱。背阔肌收缩时，收缩动作会作用于肩关节。背阔肌拉动上臂向下或向后（直臂后举）；因此，这块肌肉主要针对手臂下拉、引体向上以及拉背等动作。背阔肌同时也负责手臂在身体另外一侧的侧举动作（内展）。

下背部由竖脊肌（或叫骶棘肌）构成，此肌肉沿整个脊柱生长。在腰部，竖脊肌分为三列：髂肋肌、最长肌以及棘肌。这三部分肌肉是下背部的支柱力量，它们能够保持脊柱稳定、躯干伸展，使脊柱向后拱起。

斜方肌

冈下肌

小圆肌

颈夹肌

肩胛提肌

竖脊肌：

棘肌

最长肌

髂肋肌

头骨

锁骨

肩胛骨

肱骨

大圆肌

大菱角肌

背阔肌

肋骨

椎骨

骨盆
（髂骨）

骶骨

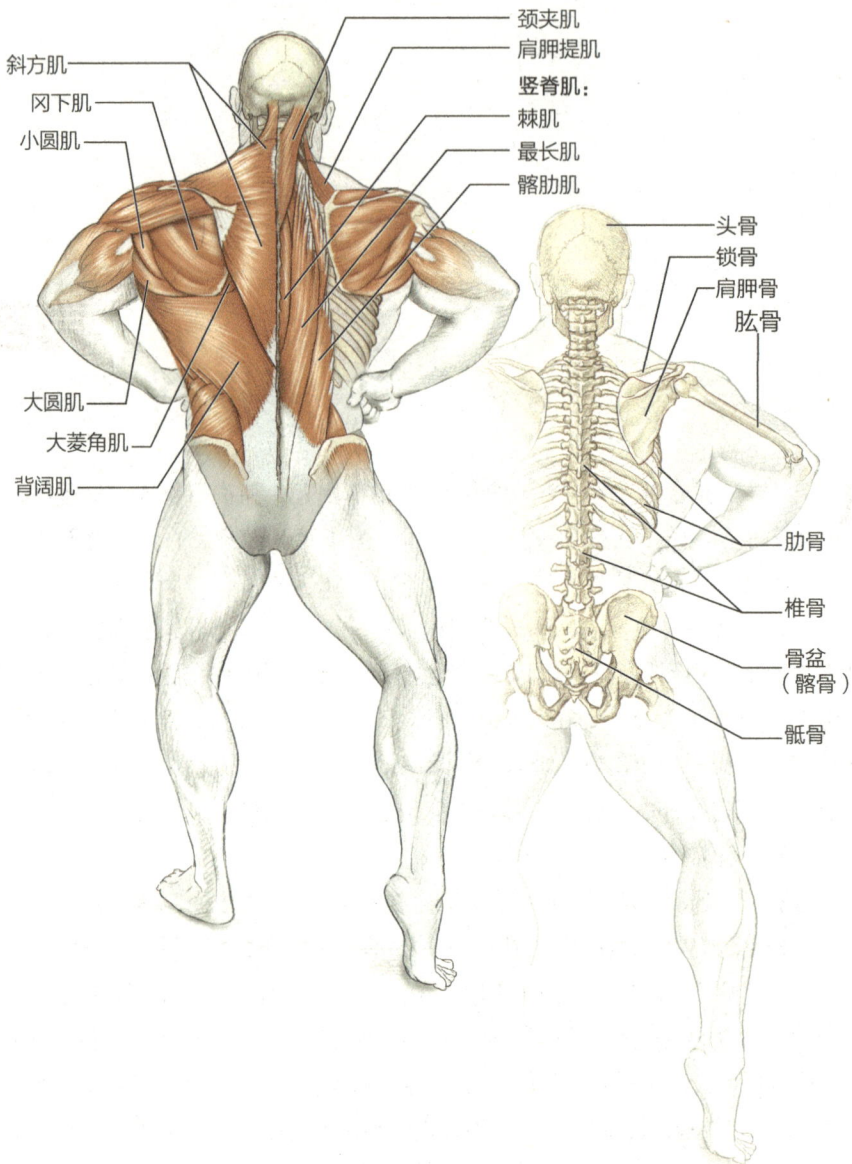

图3.1 背部示意图

　　斜方肌和背阔肌主要负责肩部和手臂的动作。骶棘肌会引起脊椎和躯干的运动。针对背部肌肉的练习包括耸肩、下拉、引体向上、拉背以及腰椎屈伸练习。硬举是一项复合及多关节参与的运动，这项练习能够使所有背部肌肉参与运动。

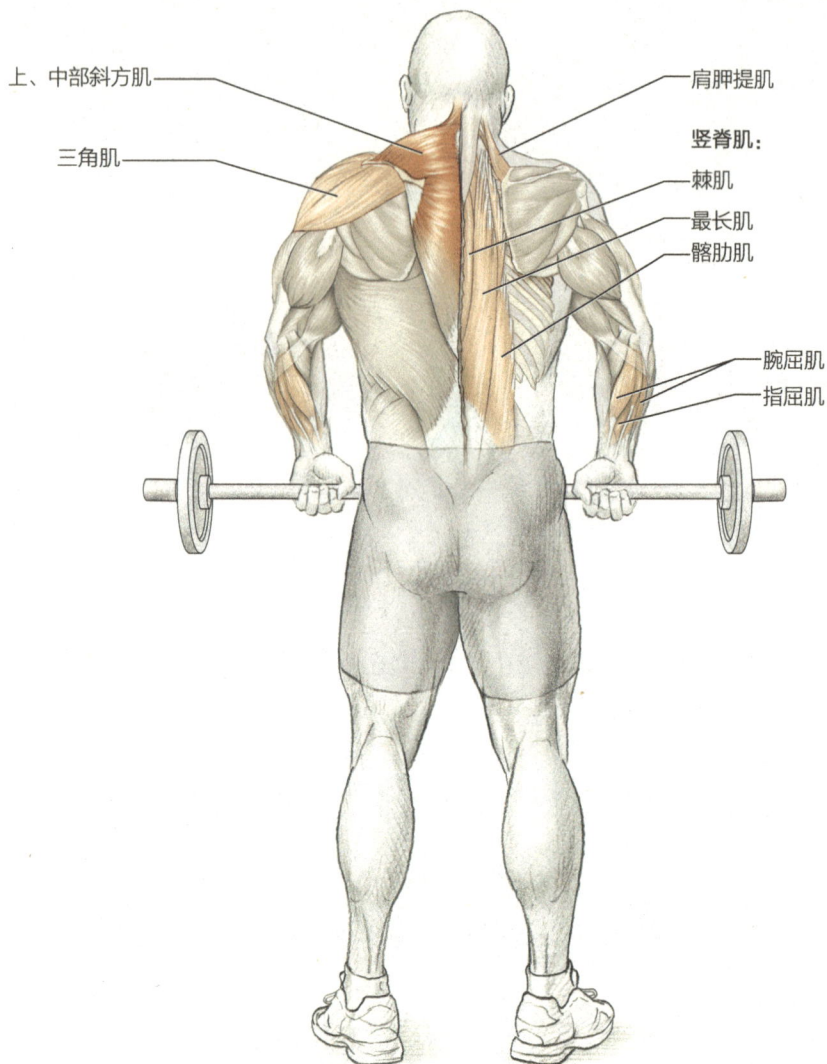

杠铃肩背拉力

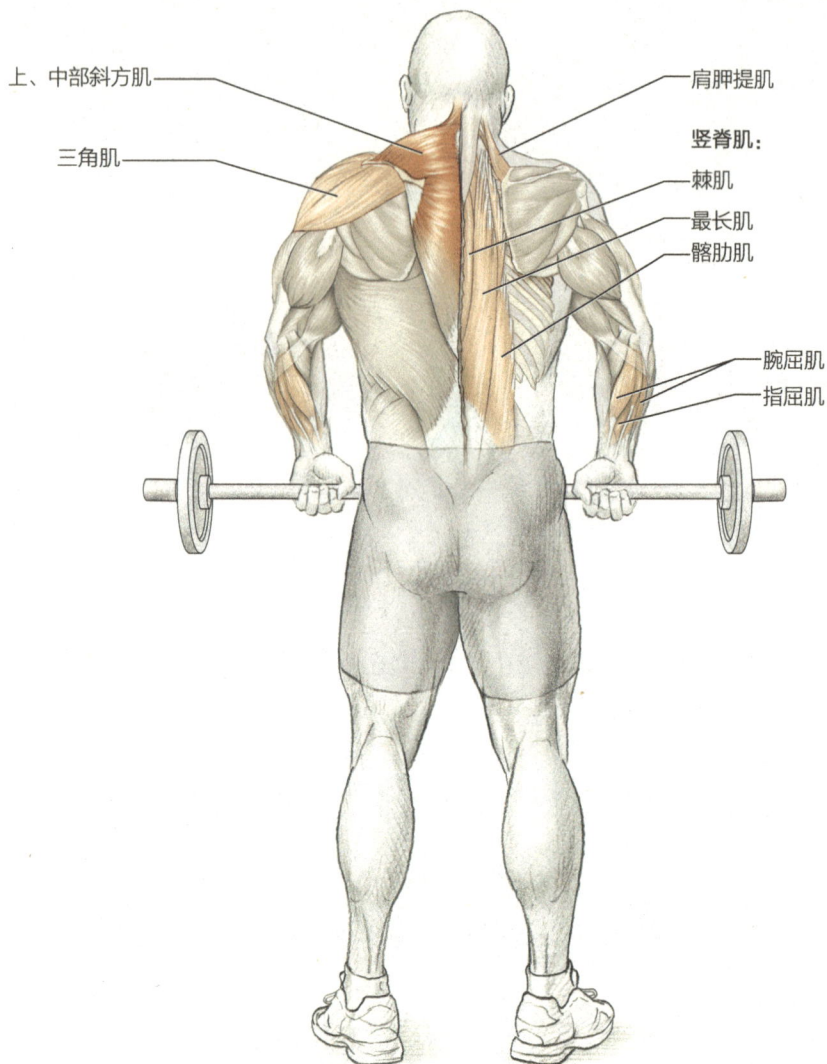

上、中部斜方肌

肩胛提肌

三角肌

竖脊肌：

棘肌

最长肌

髂肋肌

腕屈肌

指屈肌

训练步骤

1. 采用正握式，两手与肩同宽握杠铃，双手自然下垂于大腿前侧。

2. 保持肘关节稳定，尽量向上耸肩，垂直将杠铃向上拉。

3. 缓慢降低杠铃高度，还原为初始姿势，拉伸斜方肌。

涉及的肌肉

主要肌群： 上、中部斜方肌

辅助肌群： 肩胛提肌、三角肌、竖脊肌（髂肋肌、最长肌以及棘肌）、前臂（腕屈肌、指屈肌）

训练要点讲解

手间距： 两手与肩同宽或握距稍窄时主要针对斜方肌进行锻炼。若手间距较宽，那么三角肌也会更多地参与到运动中。

轨迹： 将杠铃垂直上下抬升。肩部不要扭动或翻转。

身体姿势： 进行拉背练习时，身体直立与地面垂直才能集中锻炼斜方肌。以腰部为中心，身体微微向后会对颈部的上斜方肌进行锻炼，反之，身体微微前倾则会对肩部后方的中部肌肉进行锻炼。

运动范围： 杠铃举起的高度越高，斜方肌受力越大。

【 变化动作 】

后拉背

此版本的变化动作要求双手在臀部后方握住哑铃，由于此动作会使肩胛骨收缩，使肩部向后拉，因此主要针对斜方肌的中部肌肉纤维进行锻炼。

器械拉背

此版本变化动作靠器械来完成，器械可以为健身爱好者提供不同的握式——正握（拇指向内）或中立握式（拇指向前）。采用中立握式主要强调颈部的上斜方肌，而正握式主要针对背部的中部斜方肌进行锻炼。

上背部

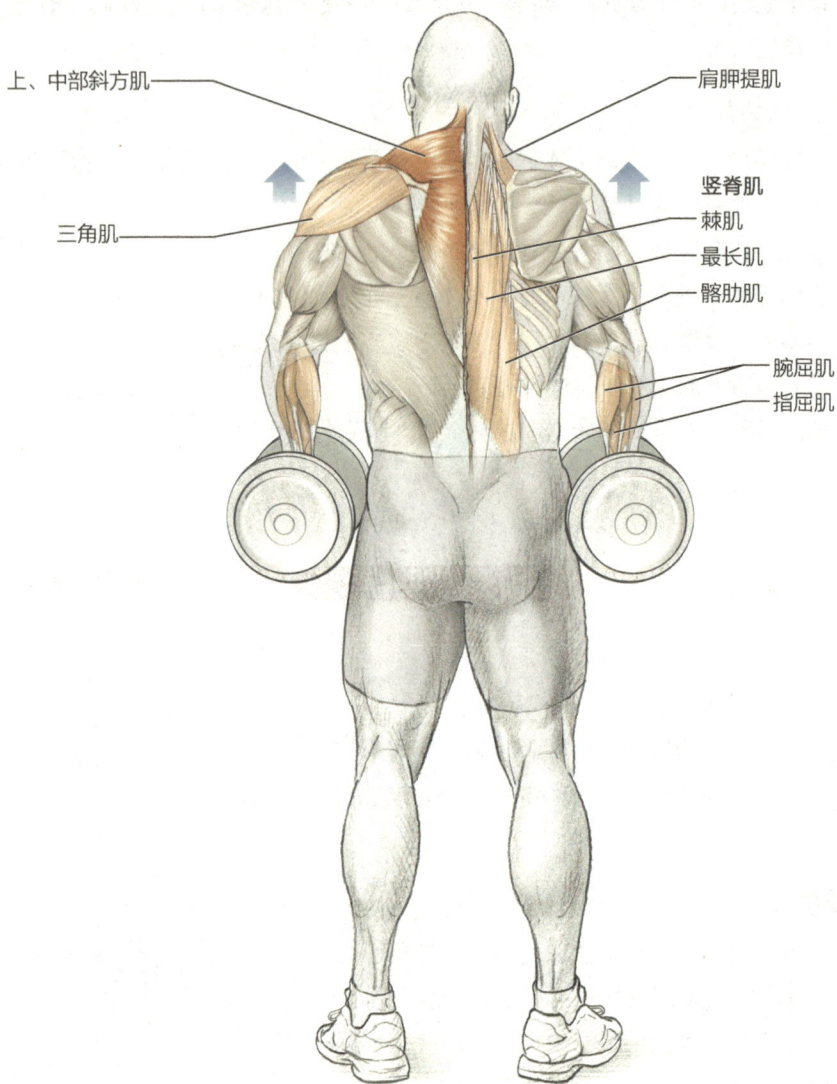

上、中部斜方肌

肩胛提肌

三角肌

竖脊肌
棘肌
最长肌
髂肋肌

腕屈肌
指屈肌

训练步骤

1.站立于地面，双手各握一哑铃，手臂自然下垂于身体两侧。

2.保持手臂伸直，尽量向上耸肩。

3.降低哑铃高度，还原为初始姿势。

涉及的肌肉

主要肌群： 上、中部斜方肌

辅助肌群： 肩胛提肌、三角肌、竖脊肌（髂肋肌、最长肌以及棘肌）、前臂（腕屈肌、指屈肌）

训练要点讲解

握式： 中立握（拇指向前）强调颈部上斜方肌，正握式（拇指向内）针对背部的中部斜方肌进行锻炼。

身体姿势： 以腰部为中心，身体微微向后会对颈部的上斜方肌进行锻炼，反之，身体微微前倾则主要针对颈部下方肌肉进行锻炼。在运动时，保持直立，与地面平行，哑铃垂直直上直下，针对斜方肌的上部、中部进行锻炼。

运动范围： 哑铃高度越高，斜方肌受力越大。哑铃下降得越低，动作结束时肌肉拉伸的程度也越大。

变化动作

收缩拉背

双手于身体前侧各握一哑铃，采用正握式。耸肩的同时肩胛骨同时挤压，动作结束时转换成中立握，双臂于身体两侧。在哑铃向上的运动过程中（肩胛骨抬升），上斜方肌参与运动，下降的过程中（肩胛骨收缩），中部斜方肌参与运动。

杠铃立式划船式上拉

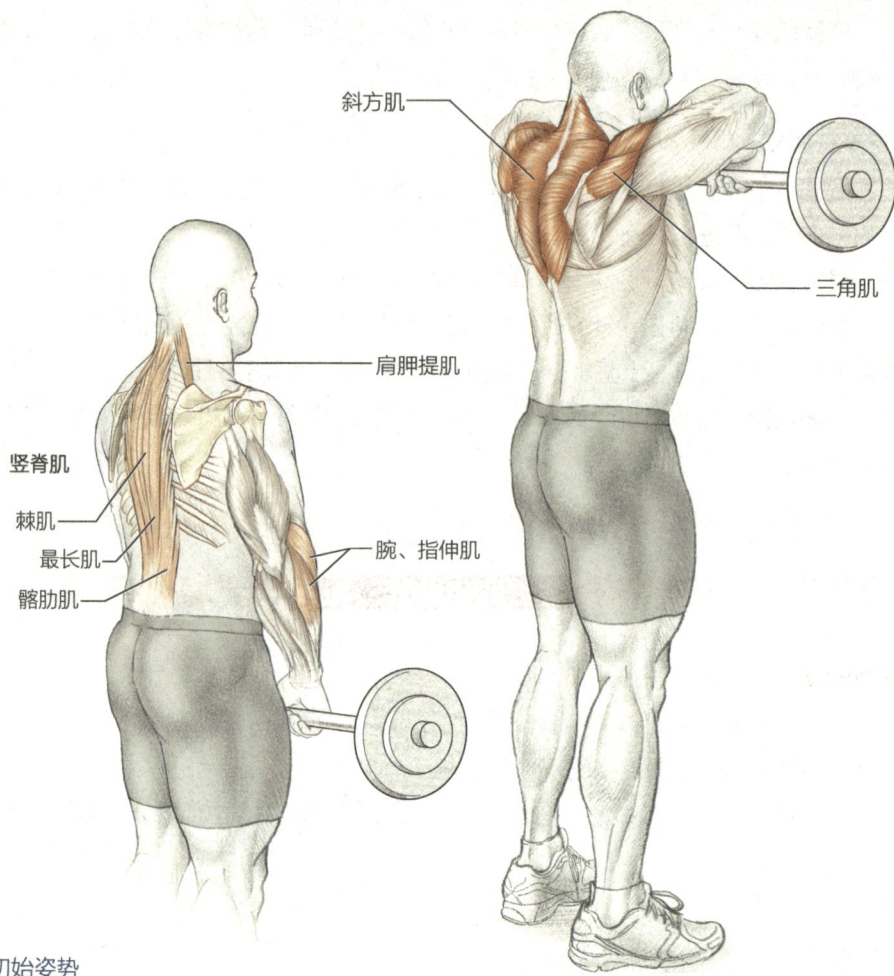

斜方肌

三角肌

肩胛提肌

竖脊肌

棘肌

最长肌

髂肋肌

腕、指伸肌

初始姿势

训练步骤

1. 采用正握式，两手与肩同宽于大腿前侧握杠铃。

2. 垂直向上将杠铃上拉到下巴位置，同时尽量抬起肘关节。

3. 缓慢放下杠铃并还原到初始姿势。

涉及的肌肉

主要肌群： 斜方肌，三角肌

辅助肌群： 肩胛提肌、竖脊肌（髂肋肌、最长肌、棘肌）、前臂（腕伸肌、指伸肌）

训练要点讲解

手间距： 两手与肩同宽或握距稍窄时主要针对斜方肌进行锻炼。若手间距较宽，那么三角肌也会更多地参与到运动中。

身体姿势： 进行划船练习时，身体直立与地面垂直才能集中锻炼斜方肌。以腰部为中心，身体微微向后会对颈部的上斜方肌进行锻炼，反之，身体微微前倾则主要针对颈部下方肌肉进行锻炼。

轨迹： 为了加强斜方肌而非三角肌的锻炼，举起杠铃的运动过程中尽量使杠铃贴近身体。

运动范围： 杠铃高度越高，斜方肌受力越大。但是，杠铃高度越高也越会增加肩部受伤的风险。

器械划船式上拉

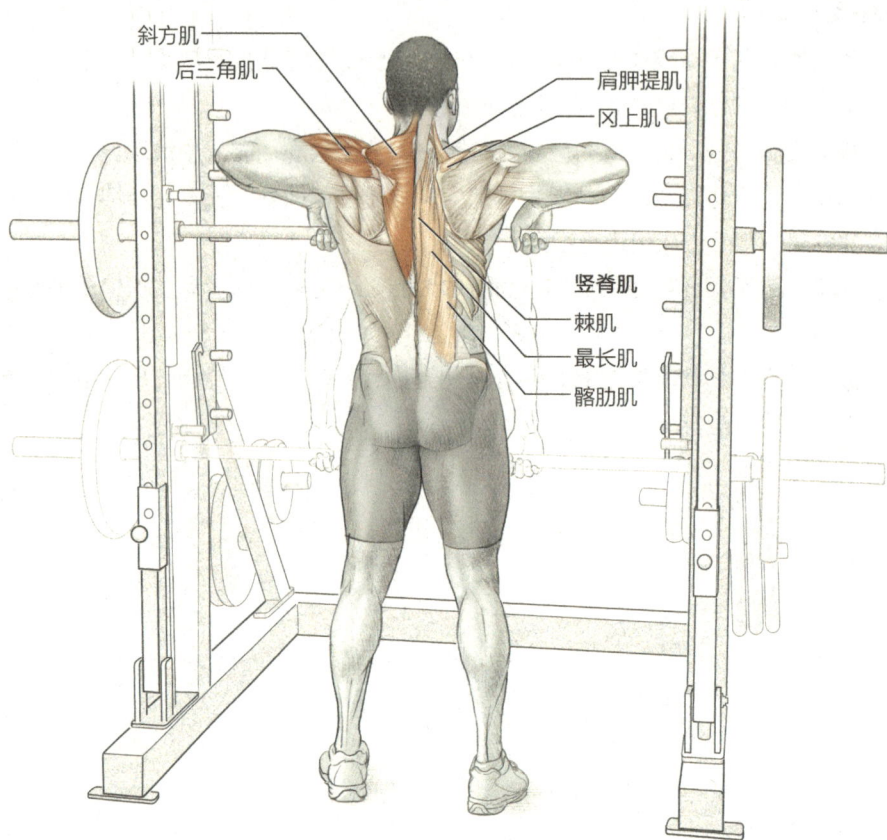

斜方肌
后三角肌
肩胛提肌
冈上肌

竖脊肌
棘肌
最长肌
髂肋肌

训练步骤

1. 使用史密斯器械，采用正握式握杠铃，手臂自然下垂，双手与肩同宽。

2. 垂直向上提杠铃到达下巴位置，运动过程中肘关节尽量向上抬起。

3. 降低杠铃高度，还原到初始姿势。

涉及的肌肉

主要肌群： 斜方肌，后三角肌

辅助肌群： 肩胛提肌、竖脊肌（髂肋肌、最长肌、棘肌）、冈上肌、前臂（腕伸肌、指伸肌）

训练要点讲解

阻力： 采用史密斯器械能够为运动提供单一的垂直面，使人能够在整个运动的过程中集中力量进行锻炼。

手间距： 双手与肩同宽或握距稍窄主要针对斜方肌进行锻炼，稍宽的握距会使三角肌也参与运动。

身体姿势： 身体与地面垂直站立集中对斜方肌进行训练。若身体轻微后仰，运动重点将转移到上斜方肌；若身体前倾，颈部下方的肌肉将得到锻炼。

运动范围： 杠铃举起的高度越高，斜方肌受力越大。但是杠铃过高将会增加肩部受伤的风险。

变化动作

拉力器划船式上拉

此版本的练习将杠铃替换为拉力器，拉力器滑轮固定在较低的位置。详见第1章的概述。

拉力器坐姿划船式上拉

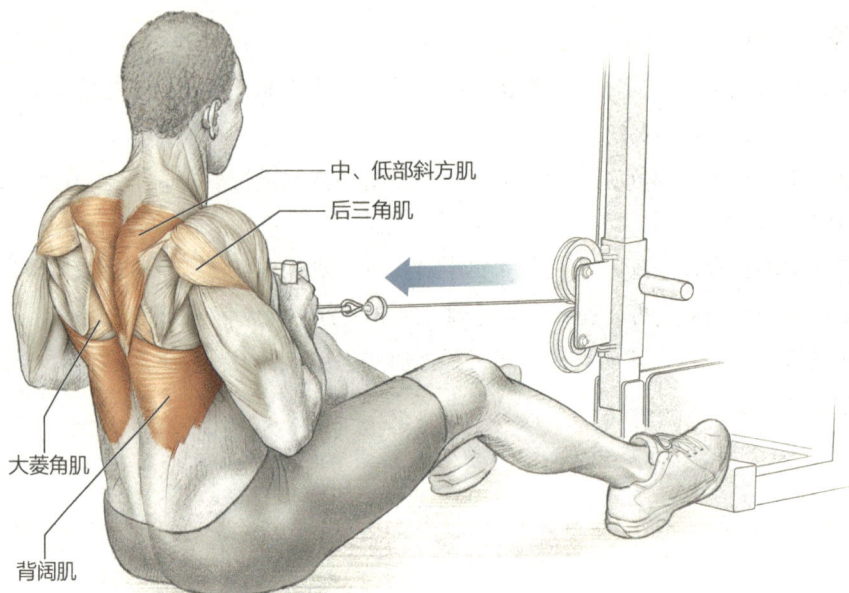

中、低部斜方肌
后三角肌
大菱角肌
背阔肌

训练步骤

　　1.坐立于拉力器前。拉力器滑轮固定在器械下部。采用中立握式（拇指向上），手臂于体前伸直。

　　2.保持脊椎笔直，手臂与地面平行，保持手柄在一定的高度向胸部回拉。

　　3.将手柄向器械收回，还原到初始姿势。

涉及的肌肉

主要肌群： 中、下部斜方肌、背阔肌

辅助肌群： 大菱角肌、小菱角肌、后三角肌

训练要点讲解

手间距： 较宽的手间距主要针对外斜方肌进行锻炼，而较窄的手间距将针对斜方肌内部进行锻炼。

握式： 正握式（反手）主要针对上、中部三角肌进行锻炼，而采用中立握（拇指向上）则针对中、下部斜方肌进行锻炼。反握式（掌心向上）将运动重点转移到背阔肌。

轨迹： 为了对斜方肌进行锻炼，需要将手柄或杠铃以一定的高度向胸部拉。如果轨迹较低，向腹部拉，则针对背阔肌来锻炼。

身体姿势： 保持背部直立，同时身体与地面垂直。

运动范围： 将肘关节尽量打开同时尽量向后拉。肩胛骨同时挤压能够将肌肉收缩最大化。

宽握距下拉

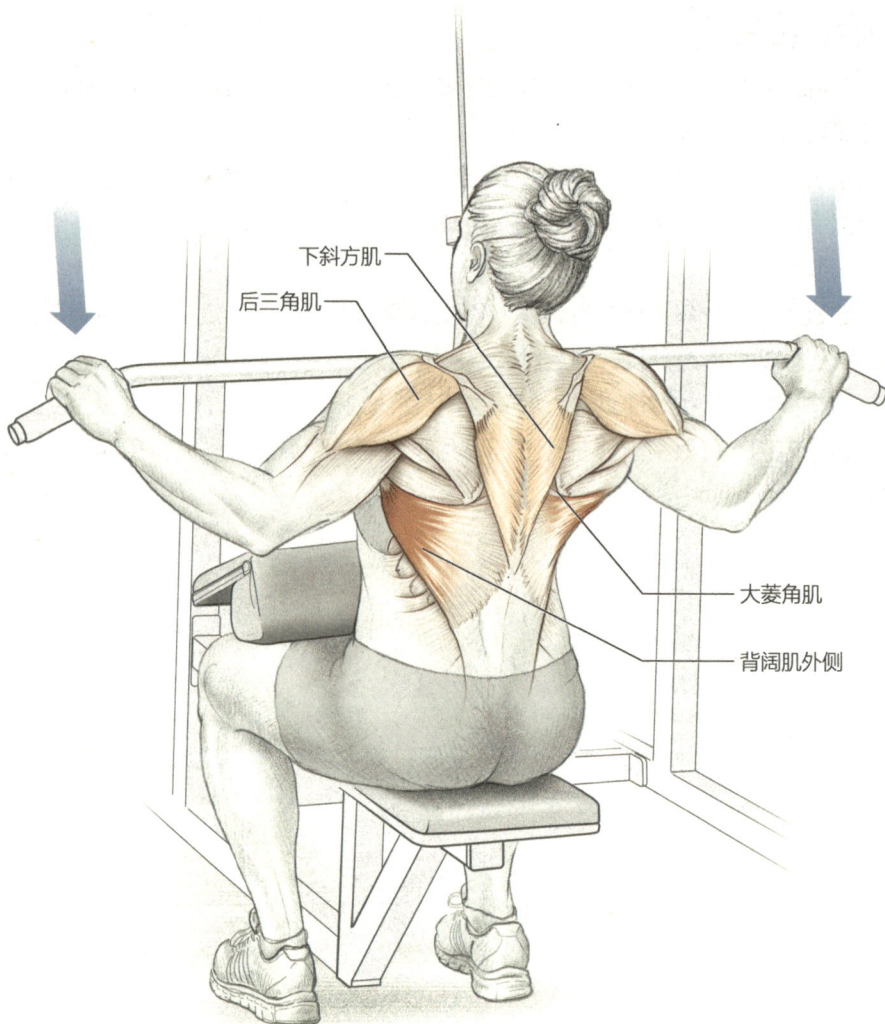

下斜方肌

后三角肌

大菱角肌

背阔肌外侧

训练步骤

1. 采用正握式，手间距比肩宽 6 英寸（15 厘米）。

2. 将杠铃下拉至上胸部，挤压背阔肌。

3. 将杠铃回复到头部上方的位置，还原为初始姿势。

涉及的肌肉

主要肌群: 外侧背阔肌

辅助肌群: 后三角肌、下斜方肌、大菱角肌、小菱角肌

训练要点讲解

手间距: 随着手间距的不断变宽,运动的重点将转移到腋窝下的背阔肌最外侧肌肉。这部分肌肉将增加背部的宽度。

握式: 正握式最适用于这项练习。双手握在杠铃弯曲的位置能够使背阔肌得到更好的收缩。

轨迹: 身体与地面保持垂直状态时,杠铃垂直下拉,肩部外展,这样主要强调外侧背阔肌的练习。身体向后倾斜约30度,产生一定的轨迹使得肩部扩展,强调内侧下方背阔肌的练习。

运动范围: 为了扩大运动范围,向上运动时背阔肌扩展,扩展到最大程度下拉时尽量将肘关节向后向下运动来挤压背阔肌。

◄ 变化动作 ►

手柄下拉

带有弯曲部分的下拉手柄与直手柄相比有以下几点优势:改进运动轨迹,减少腕关节压力,在手柄接触到胸部前多出几英寸的运动范围。

颈后下拉

将手柄在颈后方下拉是健身爱好者最后的选择,这个动作容易造成肩关节受伤。

中背部

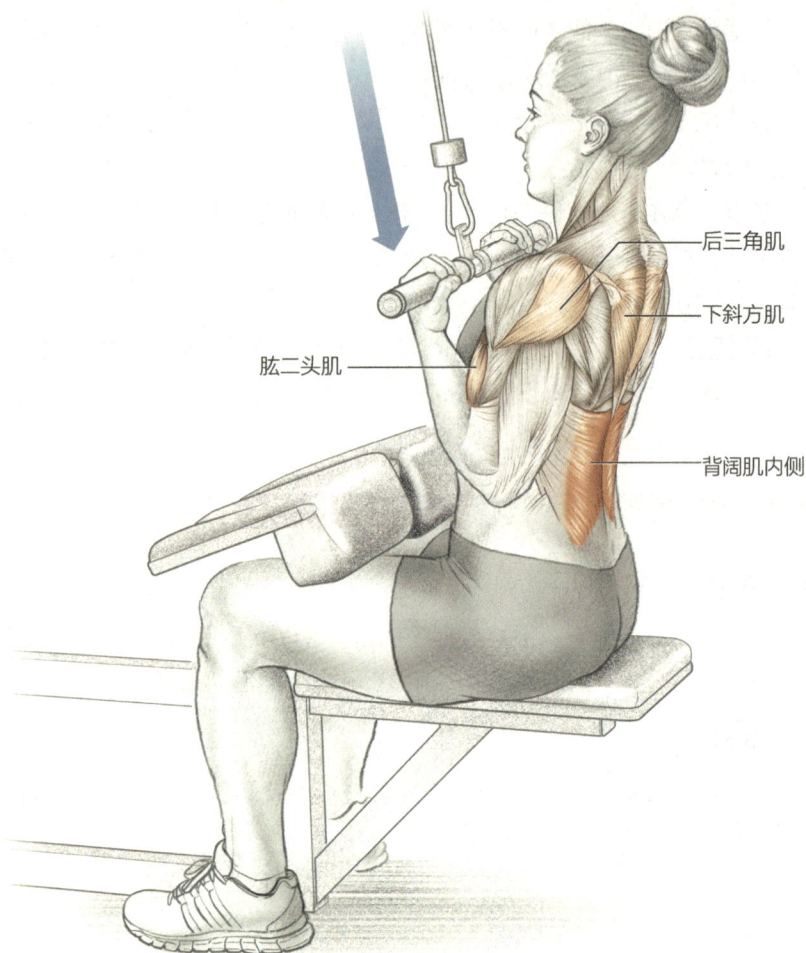

后三角肌

下斜方肌

肱二头肌

背阔肌内侧

训练步骤

1. 采用反握式双手握住手柄，手间距为 6 ~ 12 英寸（15 ~ 30 厘米）。

2. 下拉手柄至上胸部位置，挤压背阔肌。

3. 还原到初始姿势。

涉及的肌肉

主要肌群：内侧背阔肌

辅助肌群：下斜方肌、大菱角肌、小菱角肌、后三角肌、肱二头肌

训练要点讲解

手间距：由于双手的手间距比较窄，所以运动重点转移到背阔肌内侧，增加背部中部的肌肉厚度和深度。

握式：此练习使用肩部伸展而非内展运动。手臂向下向后将手柄下拉，主要针对背阔肌内侧进行锻炼。

轨迹：身体向后倾斜30度有助于单独进行背阔肌练习。注意身体不要过分向后以防止利用身体后倾的力量下拉手柄。

运动范围：向上运动时背阔肌扩展，扩展到最大程度下拉时尽量将肘关节向后向下运动来挤压背阔肌。

变化动作

手柄变化握式下拉

此变化动作采用中立握式手握手柄（掌心相对）。手部姿势在正握和反握之间。针对外侧背阔肌练习时采用正握，针对内侧背阔肌练习时采用反握，中立握式主要针对中部肌肉进行练习。

宽握距引体向上

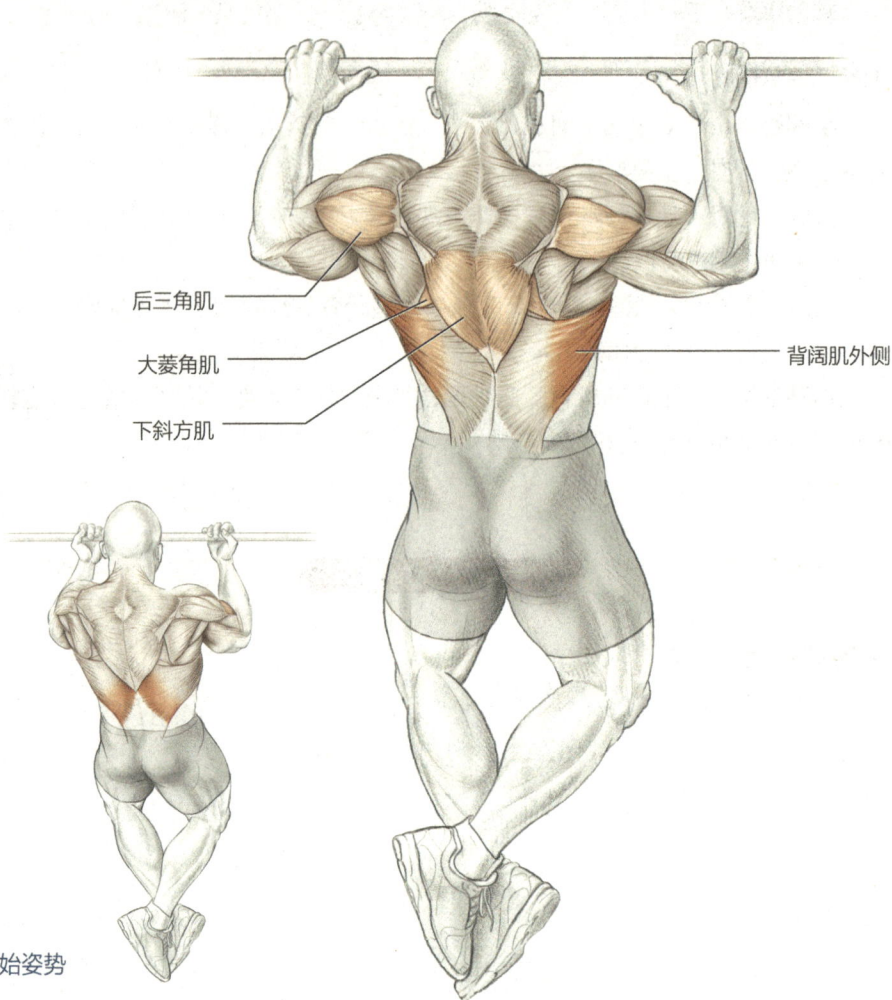

后三角肌

大菱角肌

下斜方肌

背阔肌外侧

初始姿势

训练步骤

1. 采用正握式，手间距比肩宽 6 英寸（15 厘米），进行手臂扩展练习。

2. 将身体上拉直到下巴接触到单杠。

3. 缓慢将身体高度降低，还原到初始姿势。

涉及的肌肉

主要肌群： 外侧背阔肌

辅助肌群： 后三角肌、下斜方肌、大菱角肌、小菱角肌

训练要点讲解

阻力： 引体向上与下拉相似，但是运动中的阻力来自自身重量，该阻力是不容易调整的。运动中可以通过增加重量带来增加阻力，但是自身的重量不会减少。

手间距： 较宽的手间距将运动重点转移到背阔肌的最外侧部分。这部分肌肉能够增加背部的宽度。

握式： 正握式最适用于此练习。下手握（反握式）适用于短距握式的引体向上练习。中立握适用于一些器械练习（详见变化动作）。

轨迹： 由于在运动过程中身体保持与地面垂直，向上的过程中肩部内展，因此有助于外侧背阔肌的练习。

运动范围： 为了扩大运动范围，引体向上之前（初始位置）拉伸背阔肌肌肉，之后在运动过程中肘关节尽量向后、向下才能达到扩大效果。

身体姿势： 双脚相互交叉，膝关节轻微弯曲，这样在运动过程中可以尽量减少身体的晃动。

◀ **变化动作** ▶

窄握距引体向上

采用反握式有助于缩短手间距，强调肩部外展而非内展。由于手间距变窄，运动重点将转移到背阔肌下部的中间区域。采用反握式有助于肱二头肌参与运动，增加力量。

手把引体向上

与某些器械相连的手把能够使运动者采用中立握式，掌心相对。中立握式的手部姿势和位置介于正握和反握之间。正握式主要针对外侧背阔肌，反握式更有助于内侧背阔肌的练习，而中立握则针对中部肌肉进行锻炼。

颈后引体向上

引体向上的过程中使颈部后方与单杠接触，一般运动者很少选择这个版本的练习；这个动作很容易造成肩关节受伤。

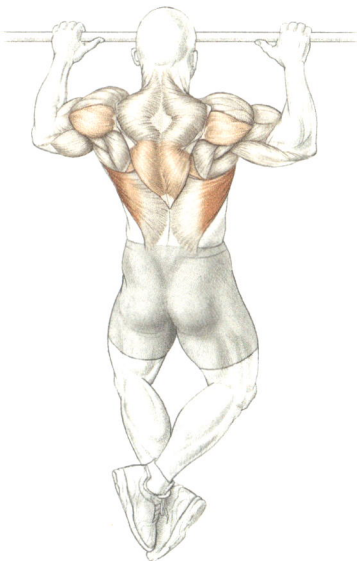

杠铃屈体划船

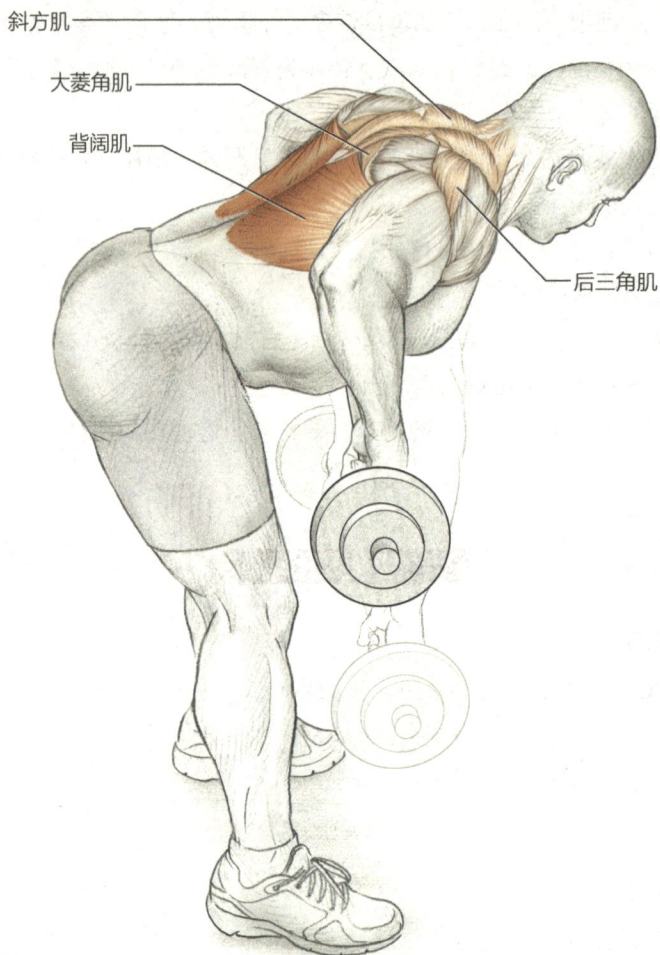

斜方肌

大菱角肌

背阔肌

后三角肌

训练步骤

1. 双手与肩同宽，采用正握式，双臂自然下垂。上半身与地面成 45 度角。

2. 垂直将杠铃拉起触及下胸部位置，保持脊椎笔直，同时膝盖微屈。

3. 双臂缓慢向下伸直，降低杠铃高度，还原到初始姿势。

肌肉

主要肌群： 背阔肌

辅助肌群： 竖脊肌（髂肋肌、最长肌、棘肌）、斜方肌、大菱角肌、小菱角肌、后三角肌

训练要点讲解

手间距：手间距与肩同宽或比肩稍窄将主要针对背阔肌中部肌肉进行锻炼，相反，手间距较宽则针对背阔肌外侧肌肉。

握式：采用正握式有助于缩短手间距，主要强调肩部外展，针对背阔肌内侧部分进行锻炼。同时，正握式有助于肱二头肌参与运动，在划船动作中增加力量。

轨迹：将杠铃向上拉起的高度较高，达到上胸部位置，主要针对背阔肌和斜方肌进行锻炼。若杠铃拉起的轨迹较低，例如到达腹部位置，则对下背阔肌进行锻炼。

身体姿势：保持脊椎笔直。不要试图降低背部高度来使杠铃的高度降得更低，这样会造成身体损伤。

变化动作

T杠划船

由于杠铃一端固定在地面上，因此此版本的变化动作对运动过程中身体的稳定性要求不高。面对负重的杠铃一端站立，双脚各立于杠铃两端。保持脊椎笔直，膝盖轻微弯曲，双手将杠铃的负重端抬起。有些划船动作的设备会提供倾斜的胸部挡板来支撑身体，以减少下脊椎的压力。

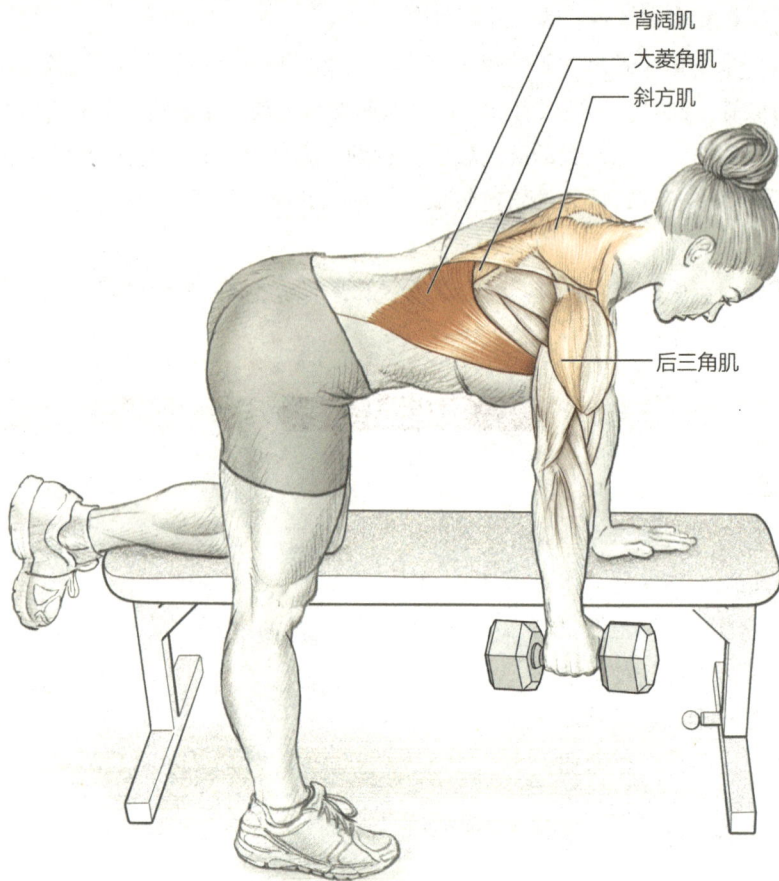

背阔肌
大菱角肌
斜方肌
后三角肌

二头肌

结束动作

训练步骤

1. 单手握住一哑铃，掌心向内。另外一只手以及另一侧膝盖在运动长椅上支撑身体（动作如图所示），保持脊椎笔直，身体与长椅平行。

2. 垂直将哑铃拉起于体侧，尽量抬高肘关节。

3. 垂直放下哑铃还原到初始姿势。

涉及的肌肉

主要肌群： 背阔肌

辅助肌群： 斜方肌、大菱角肌、小菱角肌、后三角肌、竖脊肌（髂肋肌、最长肌、棘肌），肱二头肌

训练要点讲解

握式： 采用中立握式哑铃与身体垂直时运动效果最佳。无论采用正握还是反握哑铃都会与身体发生碰撞。

轨迹： 将哑铃垂直拉至胸部高度最有利于背阔肌和下斜方肌的锻炼。若哑铃高度较低，例如在腹部时将针对下背阔肌进行锻炼。

运动范围： 为了最大程度地扩大运动范围，可以在初始姿势时拉伸背阔肌，在结束动作时尽量抬高肘关节。

身体姿势： 利用运动长椅来支撑身体有利于减少脊椎的压力。

变化动作

单臂拉力器坐式划船

采用中立握式（拇指向上）手握拉力器手环，压力器另一端固定在低处。单手将手环由低处拉至胸部高度，脊柱保持挺直。手臂放松伸展还原到初始姿势。单手单次进行划船锻炼能够使肘关节拉得更远，因此可以最大限度地收缩背阔肌肌肉。

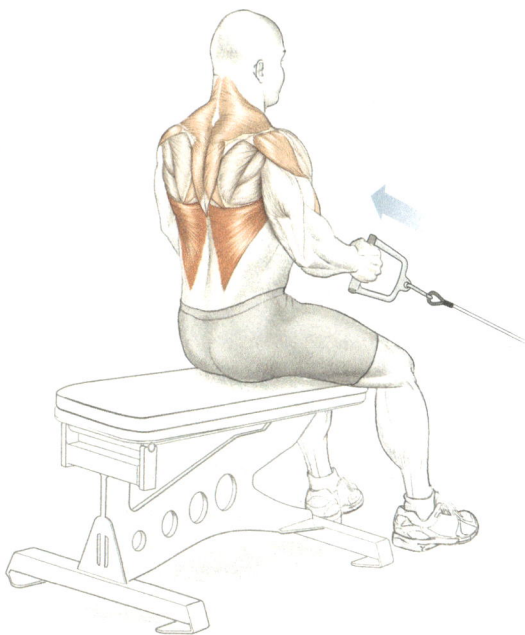

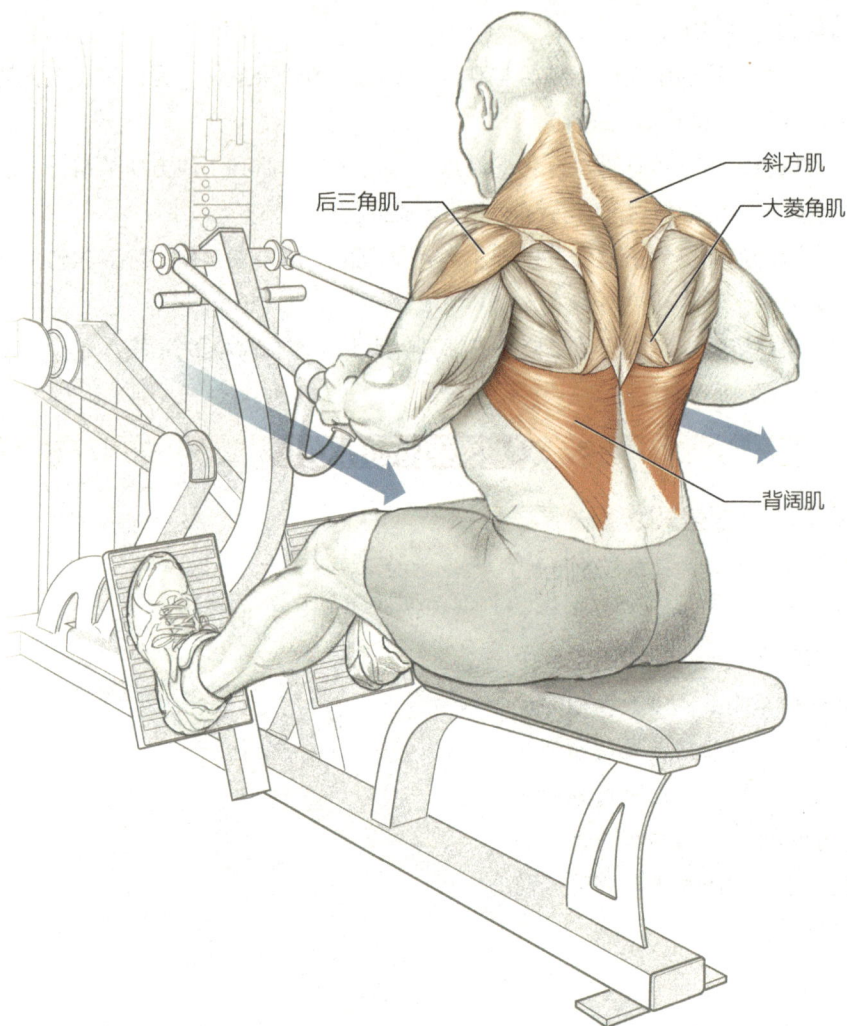

中背部

后三角肌

斜方肌

大菱角肌

背阔肌

训练步骤

1. 双臂伸展于体前，手握器械手柄。如果器械有胸板，可以使用胸板来支撑身体。

2. 将手柄拉至上腹部位置，保持脊椎笔直。

3. 还原到初始姿势。

涉及的肌肉

主要肌群： 背阔肌

辅助肌群： 斜方肌、大菱角肌、小菱角肌、后三角肌

训练要点讲解

手间距： 较宽的手间距主要针对外侧背阔肌进行锻炼，而较窄的手间距则针对内侧背阔肌。

握式： 正握式针对上部及外部背阔肌，中立握式（拇指向上）有利于背部中央肌肉进行练习，而反握式（下手握）则针对背阔肌下部进行练习。由正握式变为中立握再到反握式，肘关节逐渐靠近体侧。

轨迹： 回拉手柄的轨迹较高时，例如朝着胸部位置回拉主要针对上侧背阔肌以及斜方肌进行锻炼，而较低的运动轨迹，朝向腹部位置则针对下部背阔肌。健身爱好者可以通过调整座椅的高度来改变运动轨迹。座椅较高，运动轨迹则较低，而较低的座椅位置则提供较高的运动轨迹。

运动范围： 尽量后拉肘关节对肩胛骨进行挤压，可以扩大肌肉收缩。

身体姿势： 躯干由胸板支撑时，可以减少脊椎的压力。

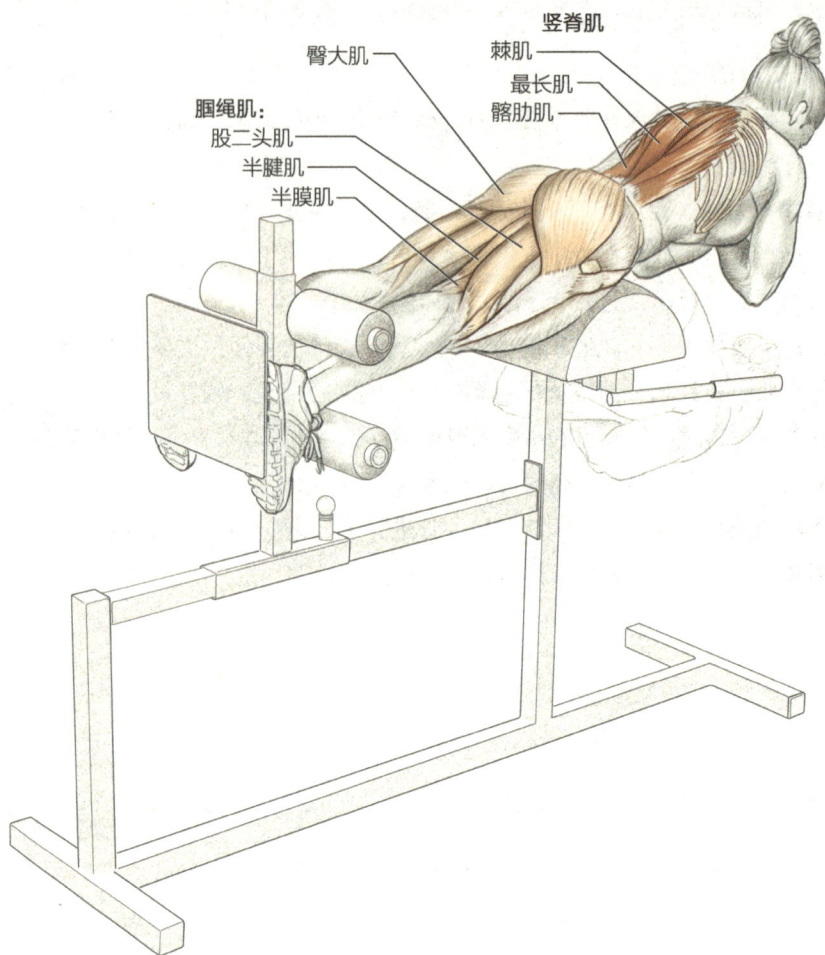

竖脊肌

臀大肌　　　棘肌

　　　　　　　最长肌

腘绳肌：　　　髂肋肌

股二头肌

半腱肌

半膜肌

训练步骤

1. 面部朝下俯卧，髋关节支撑于腰部伸展长椅上，同时脚踝固定于挡板下方。

2. 运动开始，上半身向下垂，腰部以上与地面成 90 度。

3. 抬起上半身直到躯干与地面平行。

涉及的肌肉

主要肌群： 竖脊肌（髂肋肌、最长肌、棘肌）

辅助肌群： 背阔肌、臀大肌、腘绳肌（半腱肌、半膜肌、股二头肌）

训练要点讲解

手部姿势： 双手交叉于胸前或背后。

阻力： 可以通过在胸前添加重量板来增加运动阻力。

轨迹： 可以在斜板上完成此动作（详见变化动作）。

运动范围： 上半身应该在 90 度范围内上下运动。避免脊椎的过度伸展。竖脊肌肌肉用来稳定和挺直脊椎而臀大肌和腘绳肌的运动使得髋关节肌肉伸展。

变化动作

斜板腰部伸展

此版本的动作在斜板上完成。髋关节支撑于高处同时脚踝在低处固定使得此动作更易完成。但是此变化动作的劣势在于很容易将锻炼重点由腰部肌肉转移到腘绳肌和臀部。

器械腰部伸展

此版本的变化动作中，练习者坐于腰部伸展器械上，器械在运动中提供阻力并不一致。为了避免受伤，不要过度向前或向后弯曲脊椎。

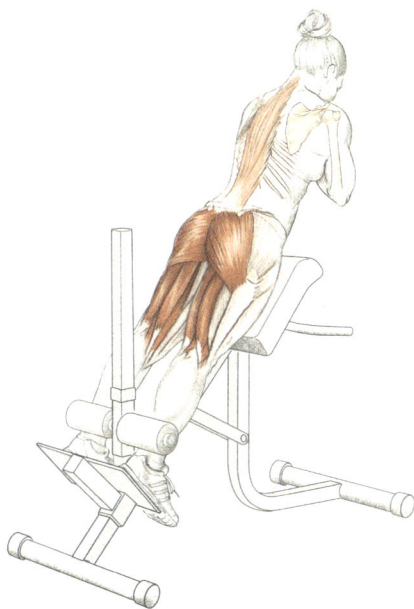

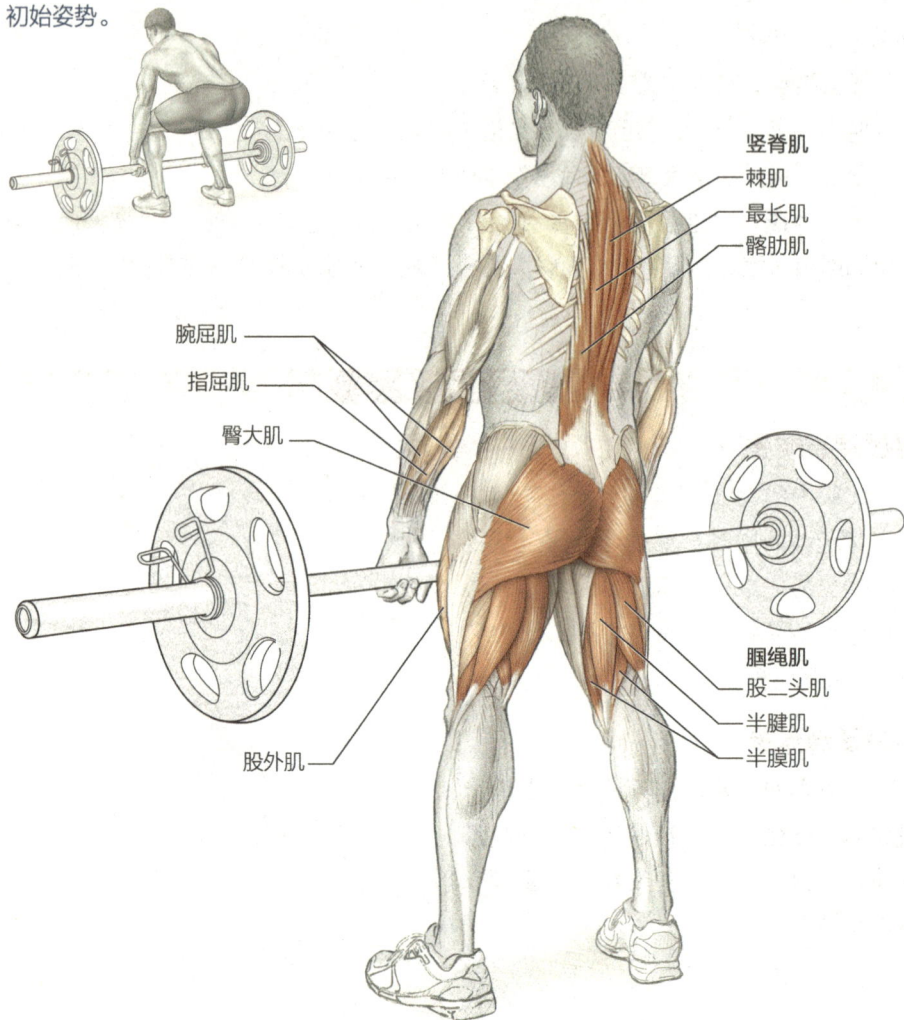

初始姿势。

竖脊肌
棘肌
最长肌
髂肋肌

腕屈肌
指屈肌
臀大肌

腘绳肌
股二头肌
半腱肌
半膜肌

股外肌

训练步骤

1. 采用正握式，双手与肩同宽，手臂自然下垂。弯曲膝盖和髋关节，下蹲。
2. 保持脊椎笔直，肘关节保持稳定，垂直站立，将杠铃举至髋关节高度。
3. 弯曲膝关节和髋关节将杠铃慢慢放回地面。

涉及的肌肉

主要肌群： 竖脊肌（髂骨肌、最长肌、棘肌）、臀大肌、腘绳肌（半腱肌、半膜肌、股二头肌）

辅助肌群： 斜方肌、背阔肌、四头肌（股直肌、股外侧肌、股内侧肌、股中间肌）、前臂（腕屈肌、指屈肌）

训练要点讲解

手间距： 双手应该与肩同宽，这样才能保证手臂垂直，双手沿大腿外侧运动。

握式： 采用下手握，一手掌向前，另外一手掌向后防止杠铃滑落。

站立姿势： 双腿直立，脚尖向前。

轨迹： 杠铃应该保持与身体紧贴，上下垂直运动。

运动范围： 将杠铃由地面举至大腿前时，保持手臂伸展，肘关节稳定。在此运动过程中，竖脊肌肌肉保持脊椎的稳定和笔直，同时臀大肌和腘绳肌促成髋关节的伸展。在整个运动中一定要保持脊椎的笔直。不要过分向前或向后活动脊椎，防止受伤。

变化动作

杠铃直腿硬拉

进行此版本的硬举练习时，双腿直立，运动重点由下背部转移到臀部及腘绳肌。详见第 5 章。

相扑式硬拉

执行此版本的硬举，相比臀部肌肉，运动更强调大腿肌肉的锻炼。

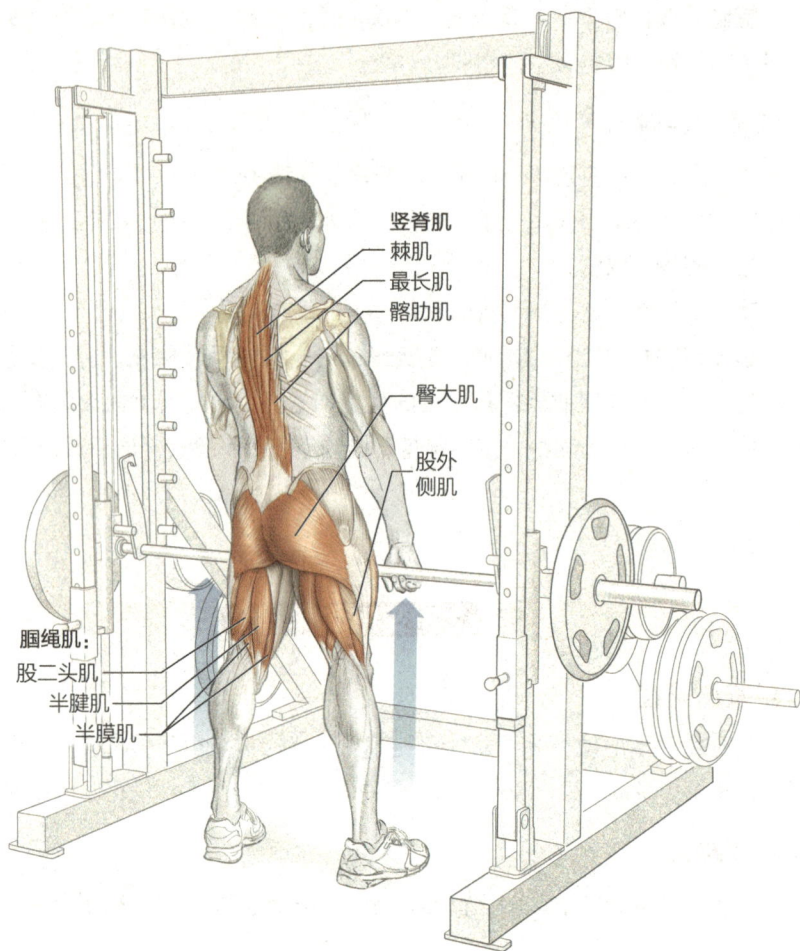

竖脊肌
棘肌
最长肌
髂肋肌

臀大肌

股外
侧肌

腘绳肌：
股二头肌
半腱肌
半膜肌

训练步骤

1. 垂直立于地面，手握史密斯器械杠铃，双臂自然下垂，双手与肩同宽，采用正握式。

2. 上身轻微前倾，将杠铃高度降低，脊椎伸直，肘关节稳定，双臂伸直。

3. 举起杠铃之后还原到初始姿势。

涉及的肌肉

主要肌群： 竖脊肌（髂肋肌、最长肌、棘肌）、臀大肌、腘绳肌（半膜肌、半腱肌、股二头肌）

辅助肌群： 斜方肌、背阔肌、四头肌（股直肌、股外侧肌、股内侧肌、股中间肌）

训练要点讲解

阻力： 史密斯机能够为运动提供一个单一的垂直面，能够帮助健身爱好者在运动过程中集中运动点。

手间距： 双手应该保持与肩同宽，这样才能保证双臂垂直上下，双手沿大腿外侧运动。

握式： 使用史密斯器械杠铃时，采用正握式能够保持杠铃垂直上下。

站立姿势： 双腿直立，脚尖朝前。

轨迹： 杠铃应该保持与身体紧贴垂直上下。

身体姿势： 膝关节轻微弯曲能够帮助动作的执行。在整个运动中一定要保持脊椎笔直。不要过分向前或向后活动脊椎，防止受伤。

运动范围： 将杠铃的运动范围控制在髋关节高度到膝盖以下。保持手臂伸展，肘关节稳定。在此运动过程中，竖脊肌肌肉使脊椎保持稳定和笔直，同时臀大肌和腘绳肌促成髋关节的伸展。

━━━━━━━ ◆ 变化动作 ◆ ━━━━━━━

拉力器过腿上拉

背对拉力器，拉力器滑轮固定在低处，手握短手柄向上拉，拉力器从两腿间穿过。手臂保持伸直。

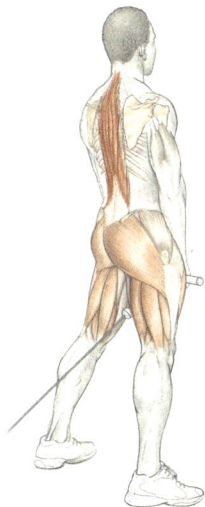

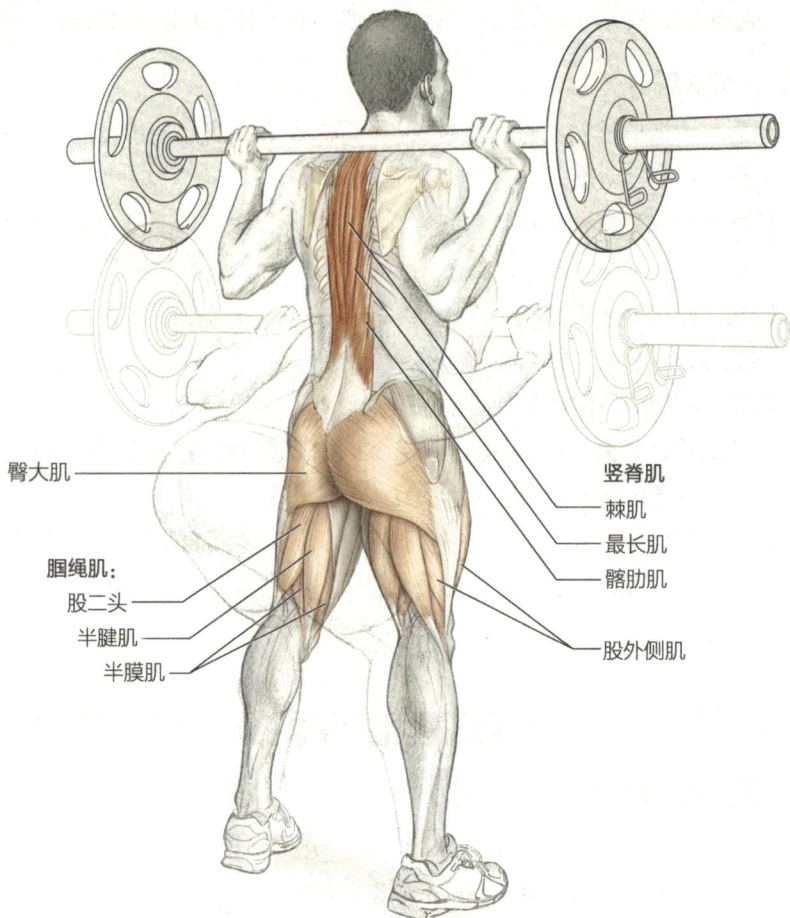

臀大肌

腘绳肌:

股二头

半腱肌

半膜肌

竖脊肌

棘肌

最长肌

髂肋肌

股外侧肌

训练步骤

1. 身体直立，将杠铃横置于肩部（如图所示）。

2. 保持脊椎笔直，膝关节稳定（双腿直立或微微弯曲），上半身向前弯曲直到与地面平行。

3. 抬起上半身，还原为直立姿势。

涉及的肌肉

主要肌群： 竖脊肌（髂肋肌、最长肌、棘肌）

辅助肌群： 背阔肌、臀大肌、腘绳肌（半膜肌、半腱肌、股二头肌）

训练要点讲解

握式： 双手距离比肩稍宽，采用正握式保证杠铃能够横置于肩上。

轨迹： 膝关节向外弯曲能够帮助动作执行。

运动范围： 身体的运动范围应该保持在 90 度。保持脊椎笔直，抬起头，防止上半身过低，无法与地面平行。在运动过程中，竖脊肌肌肉使脊椎保持稳定和笔直，同时臀大肌和腘绳肌促成髋关节的伸展。

变化动作

器械托举

完成此版本的变化动作需要坐立，利用挡板支撑上背部来提供运动阻力。

第 4 章

手臂

人 的手臂分为上臂和下臂（又叫前臂，参见图 4.1）。上臂由一根骨头构成，
即肱骨，而前臂则由两根骨头组成，分别是桡骨（位于拇指一侧）和尺骨（位
于小指一侧）。肘关节是连接肱骨、桡骨以及尺骨的铰链关节。肘关节可以完成
两个动作：弯曲和伸展。肘关节弯曲时，前臂朝上臂方向向上抬起。伸展时，前
臂远离上臂。桡骨在尺骨周围转动时前臂也会发生运动。反掌（掌心向上）以及
手掌下翻（掌心向下）动作就发生在桡骨和尺骨之间。腕关节是连接前臂末端和
手部小骨头的关节。

肱二头肌

顾名思义，肱二头肌有两个头。短头连接喙状突，而长头则位于肩关节的关节
窝上方。这两头肌肉沿肱骨向下与位于肘关节下 1.5 英寸（约 4 厘米）处桡骨内侧
的块茎状肌肉相连。肱二头肌能够造成肘关节弯曲动作，例如手掌伸向面部的动作。
肱二头肌还可以促成前臂的反掌姿势，例如当翻转手时，掌心能够向上翻转。

除了肱二头肌，还有另外两组肌肉能使肘关节弯曲：肱肌和肱桡肌。肱肌位于肱二
头肌下方，由肱骨下半部分开始与肘关节下方的尺骨相连。肱肌在抬起尺骨的同时肱二
头肌抬起桡骨。肱桡肌由肱骨末端的外侧部分开始沿前臂向下连接腕关节上方的桡骨。

肱三头肌

肱三头肌有三个头，或者说有三个部分。最长的一个头位于肩关节的关节窝
处，侧头（外侧部分）位于肱骨外侧表面，中间的一个头（内侧部分）涵盖范围

包括肱骨内侧表面和后方。所有这三个部分在其末端相交形成一个单一的肌腱，将肘关节后方与尺骨的鹰嘴突相连。肱三头肌负责肘关节的伸张动作，例如将手从脸上移开的动作。肱三头肌是负责肘关节伸展的唯一一块肌肉，而负责肘关节弯曲动作的却有三块（肱二头肌、肱肌和肱桡肌）。肱三头肌的三个部分环绕着肘关节，但是长头也附着在肩关节下方。

前臂

人体前臂拥有 20 块肌肉之多。整体来说可以分为两部分：手掌侧面的屈肌肌群以及手掌另一侧的伸肌肌群。几乎所有这些肌肉比较肥厚的部分都主要位于前臂上端三分之二处。

前臂肌肉按照分工不同平均分为两部分：一半负责腕部运动，剩下一半负责拇指和其余 4 指的运动。

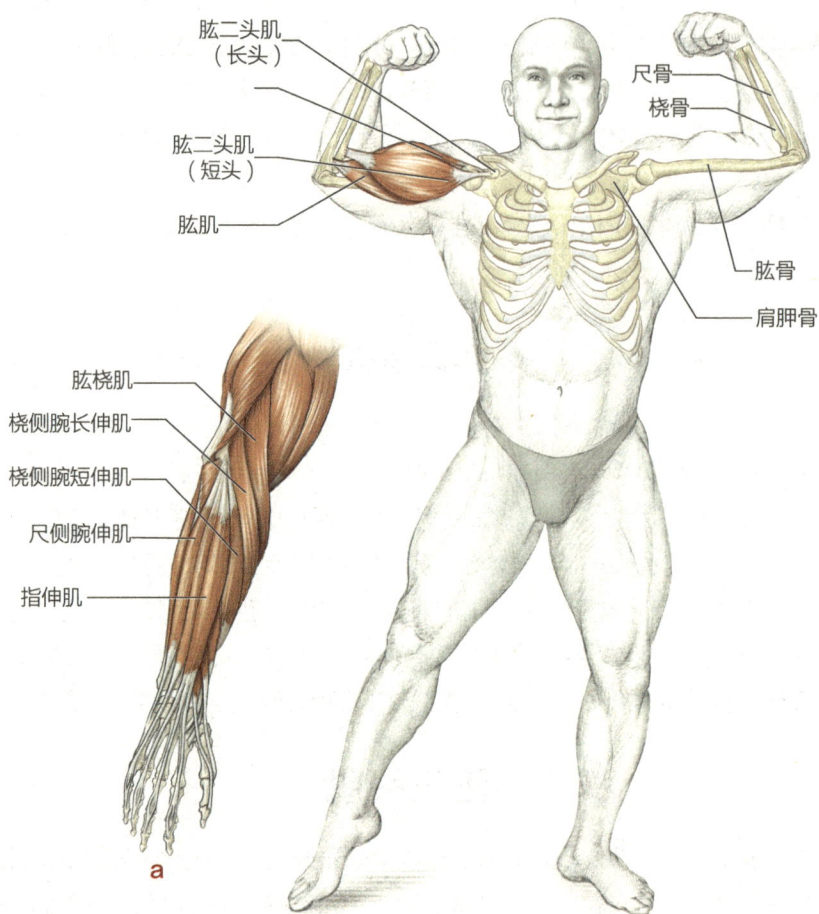

图 4.1 手臂示意图：(a) 正面图；(b) 侧面图

　　腕屈肌群和腕伸肌群所处位置很浅（仅在皮下），而指屈肌以及指伸肌位置较深（接近骨头）。腕屈肌群以及腕伸肌群的浅层肌群同时附着在腕关节和肘关节周围，因此肘关节伸直而腕关节弯曲时，这些肌群有很大的延展性。腕屈肌由掌长肌、桡侧腕屈肌以及尺侧腕屈肌组成。腕伸肌由桡侧腕长伸肌、桡侧腕短伸肌以及尺侧腕伸肌构成。

　　指屈肌群也由三个部分组成，分别是指浅屈肌、指深屈肌以及拇长屈肌。指伸肌群则由指伸肌、拇长伸肌、拇短伸肌以及伸食指肌组成。

　　反掌或手部翻转导致手掌向上是通过旋后肌以及肱二头肌完成的。内翻或手部翻转导致掌心向下的动作则是由旋前圆肌以及旋前方肌完成的。

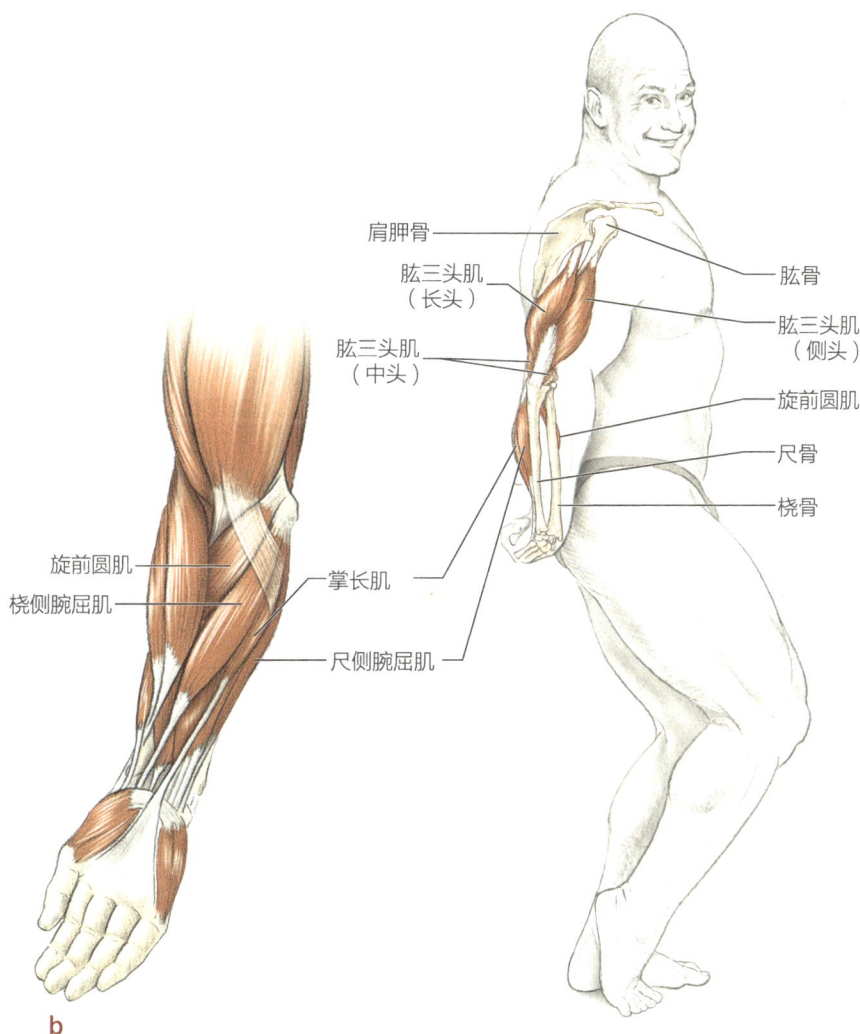

肩胛骨

肱三头肌
（长头）

肱三头肌
（中头）

肱骨

肱三头肌
（侧头）

旋前圆肌

尺骨

桡骨

旋前圆肌

桡侧腕屈肌

掌长肌

尺侧腕屈肌

b

杠铃弯举

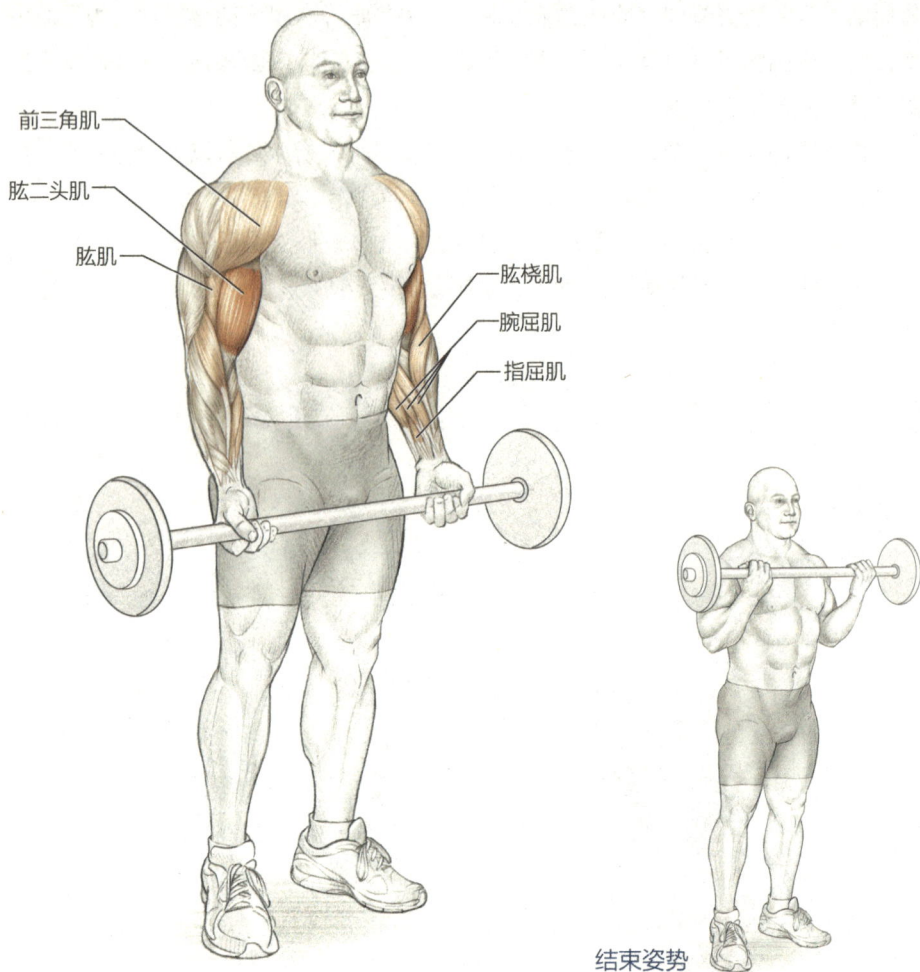

前三角肌

肱二头肌

肱肌

肱桡肌

腕屈肌

指屈肌

结束姿势

训练步骤

1. 采用反握式，双手与肩同宽，手握杠铃双臂自然下垂。

2. 弯曲肘关节，将杠铃弯举至肩部高度。

3. 缓慢放下杠铃，还原到初始姿势。

涉及的肌肉

主要肌群：肱二头肌

辅助肌群：肱肌、肱桡肌、前三角肌、前臂肌群（腕屈肌、指屈肌）

训练要点讲解

手间距： 较宽的手间距主要针对内侧肱二头肌（短头）进行锻炼，而握距较窄则针对外侧（长头）进行锻炼。

握式： 如果使用直杠铃，那么应该是使用反握式（掌心向上）。不同的握式可以根据 EZ 杠铃进行调整（详见变化动作）。

轨迹： 杠铃应该贴近身体直上直下。为了单独对肱二头肌进行锻炼，手臂动作应该只发生在肘关节附近，而不是肩关节。

运动范围： 降低杠铃高度，肘关节完全伸展之前稍作延迟有助于保持肱二头肌的紧张感。

身体姿势： 脊柱保持笔直，身体直立于地面。上半身轻微前倾利用惯性将杠铃上举；轻微向前倾斜使得弯举的初级阶段相对容易，而向后倾斜则帮助完成后续的重复练习。

变化动作

EZ– 杠弯举

此版本的弯举动作所使用的是 EZ 杠铃，同时进行握式的变化。双手由完全的反握式（掌心向上）逐渐变为中立握（掌心向内）。这样的手部姿势主要强调肱二头肌中长头以及肱肌的锻炼，从而减少腕关节的紧张感。

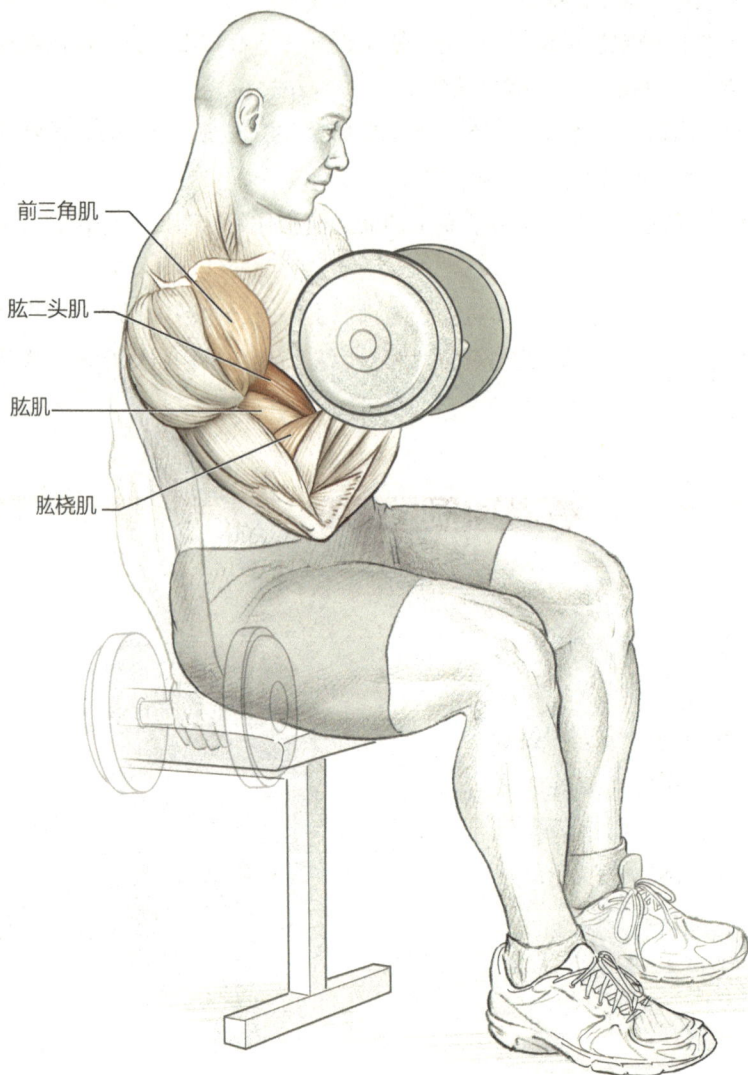

前三角肌

肱二头肌

肱肌

肱桡肌

训练步骤

1. 坐立于举重床边缘，双脚着地。双手各握一哑铃于体侧，双臂自然下垂，拇指向上。

2. 进行单臂单次练习，将哑铃弯举至肩部高度，转动手臂使掌心向上。

3. 缓慢放下哑铃，还原到初始姿势。另一只手臂继续进行重复练习。

涉及的肌肉

主要肌群： 肱二头肌

辅助肌群： 肱肌、肱桡肌、前三角肌、前臂肌群（腕屈肌、指屈肌）

训练要点讲解

握式： 哑铃弯举可以通过两种方法对肱二头肌进行锻炼：肘关节弯曲以及前臂旋后。因此，为了最大程度地达成肱二头肌的收缩，应该在哑铃上举的过程中将手仰转（掌心向上）。

手间距： 此版本的练习中，不要将手握在哑铃中部位置，而是翻转手掌使得拇指抵住哑铃内壁。握式的变化能够增加肱二头肌在手部仰转过程中的压力，刺激更多的肌肉纤维。

轨迹： 身体直立，保持脊柱笔直。上半身轻微前倾利用惯性将杠铃上举：轻微向前倾斜使得弯举的初级阶段相对容易，而向后倾斜则帮助完成后续的重复练习。

运动范围： 肘关节充分伸展与弯曲。

变化动作

哑铃立式弯举

此版本的变化动作能够在站立姿势下完成，但是要求一定的腿部力量参与进来。坐立练习则更能集中针对手臂肌肉进行练习。

哑铃斜板弯举

此版本的变化动作同样采用坐姿，但是需要倚靠在一斜板上，这样主要针对肱二头肌下部肌肉，也就是肘关节附近的肌肉进行锻炼。

二头肌

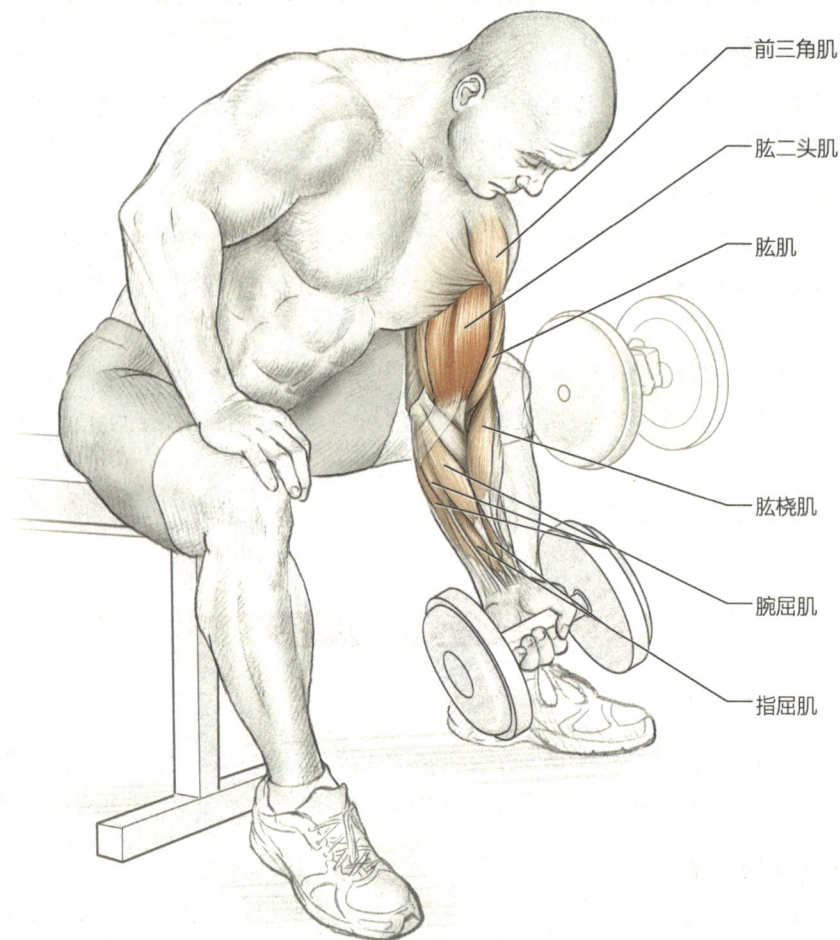

前三角肌

肱二头肌

肱肌

肱桡肌

腕屈肌

指屈肌

训练步骤

1. 坐于长椅上。单手握哑铃，手臂自然下垂，利用大腿内侧支撑该手臂。另一只手放于另一侧大腿上（如图所示）。

2. 弯曲肘关节，将哑铃弯举至肩部。

3. 降低哑铃高度，还原到初始姿势。

涉及的肌肉

主要肌群： 肱二头肌

辅助肌群： 肱肌、肱桡肌、前三角肌、前臂肌群（腕屈肌、指屈肌）

训练要点讲解

握式： 采用反握式手部旋后，这样最大限度地使肱二头肌收缩。

轨迹： 上手臂的姿势能够相应地改变运动作用力。当手臂与地面垂直，运动的阻力会随着哑铃的抬起而逐渐增加，此时的运动重点在肱二头肌上部位置（顶）。当手臂与地板形成一定的角度（肘关节位于肩部前方），此时阻力为最大，因此运动重点在肘部也就是肱二头末端。

运动范围： 上手臂与大腿抵住能够防止肩部运动，这样才能主要针对肱二头肌锻炼。

身体姿势： 身体由另外一只手臂支撑，肩部保持静止不动。

变化动作

单臂拉力器弯举

此版本的变化动作需要使用拉力器，滑轮固定在低处，手握 D 型手环。

二头肌

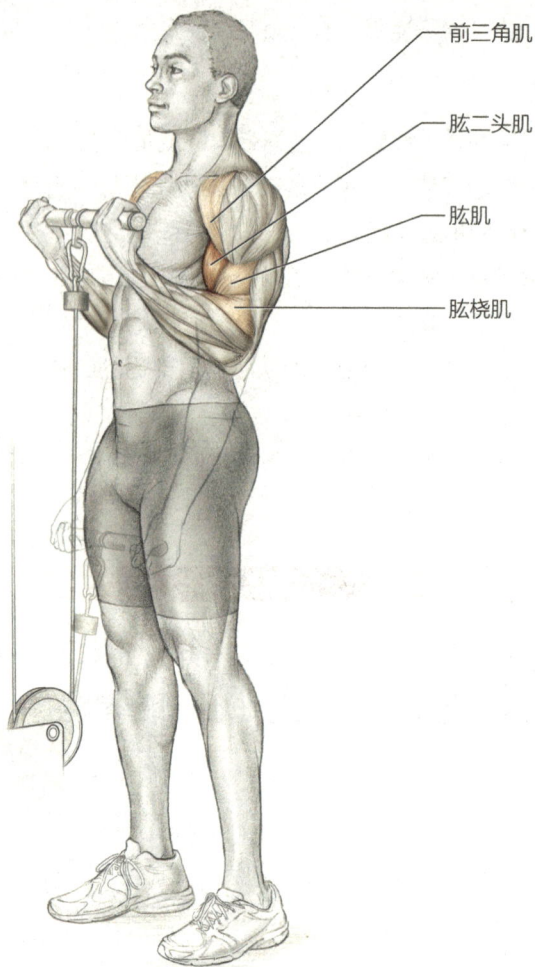

前三角肌

肱二头肌

肱肌

肱桡肌

训练步骤

1. 面对配重片而立，手握拉力器短手柄，滑轮固定在低处。手臂伸直，采用反手握。

2. 手握手柄，采用弯举方式，肘关节弯曲，将手柄向肩部回拉。

3. 缓慢放下手柄，还原到初始姿势。

涉及的肌肉

主要肌群：肱二头肌

辅助肌群：肱肌、肱桡肌、前三角肌、前臂肌群（腕屈肌、指屈肌）

训练要点讲解

手间距： 较宽的手间距，宽于肩部的话主要针对内侧肱二头肌（短头）进行锻炼，而握距较窄则针对外侧（长头）进行锻炼。

握式： 如果使用直手柄，此练习需要采用反握式。如果使用 EZ 杠铃，则需要将反握式逐渐转为中立握（掌心向内）。这样的手部姿势可以减少肘关节的压力，强调外侧肱二头肌（长头）以及肱肌的锻炼。

身体姿势： 身体直立，脊柱伸直。

运动范围： 将肘关节固定在身体两侧，防止肩部发生运动，这样最能够针对肱二头肌单独进行锻炼。

阻力： 与杠铃和哑铃弯举有所不同，这两种运动过程中会产生变化的阻力，而拉力器弯举在运动过程中产生的阻力始终如一。

二头肌

变化动作

拉力器弯举下压

站立于两拉力器之间，采用下手握，手握 D 型手环，滑轮固定在高处。双臂与肩同高，双手向头部方向拉动手柄。这个版本的变化动作主要针对肱二头肌的长头以及肱二头肌顶端肌肉进行锻炼。

单臂拉力器弯举

此版本的变化动作中，进行单次单臂练习。手握 D 型手环，拉力器滑轮固定在低处。练习方法同双臂拉力器弯举。

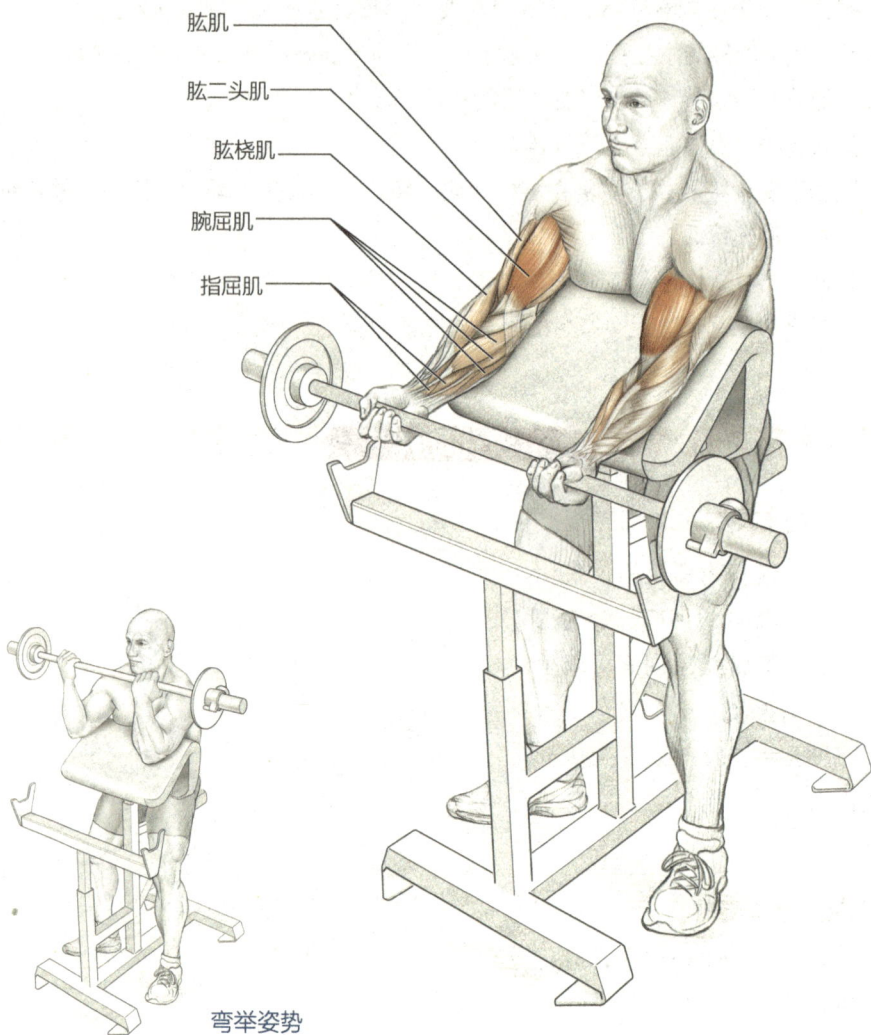

肱肌

肱二头肌

肱桡肌

腕屈肌

指屈肌

二头肌

弯举姿势

训练步骤

1. 坐姿，将上臂置于牧师椅上，双臂与肩同宽，采用反握式，将手臂伸直。

2. 向内弯曲手臂，将杠铃朝肩部抬起。

3. 降低杠铃高度，还原到初始姿势。

涉及的肌肉

要肌群： 肱二头肌

辅助肌群： 肱肌、肱桡肌、前臂肌群（腕屈肌、指屈肌）

训练要点讲解

手间距： 若手间距较宽，运动重点在肱二头肌内侧（短头）；若手间距较窄，运动重点则转移到肱二头肌外侧（长头）。

握式： 若使用直杠铃，那么要固定地使用反握式（掌心向上）。若使用EZ 杠铃，那么可以适当地调整握式（详见变化动作）。

轨迹： 上臂以倾斜的角度固定时，阻力在运动起始时达到最大，主要针对肱二头肌末端、接近肘关节处的肌肉进行锻炼。

运动范围： 将上臂固定在牧师椅上可以有效防止运动时肩关节的移动，因此有助于单独针对肱二头肌进行锻炼。在杠铃高度逐渐降低的过程中，肘关节完全伸展开时，稍作停顿可以有效保持肱二头肌的紧张感。

身体姿势： 调整座椅高度，使腋窝部位舒适地抵在挡板上端边缘。

变化动作

EZ 杠铃牧师椅曲臂弯举

此版本的变化动作使用 EZ 杠铃，因此可以充分地变化握式，从反握式（掌心向上）到次反手握，再到接近于中立握式（掌心向内）。这样的手部姿势有利于肱二头肌外侧（长头）的锻炼，减少腕关节的压力。

牧师椅曲臂哑铃弯举

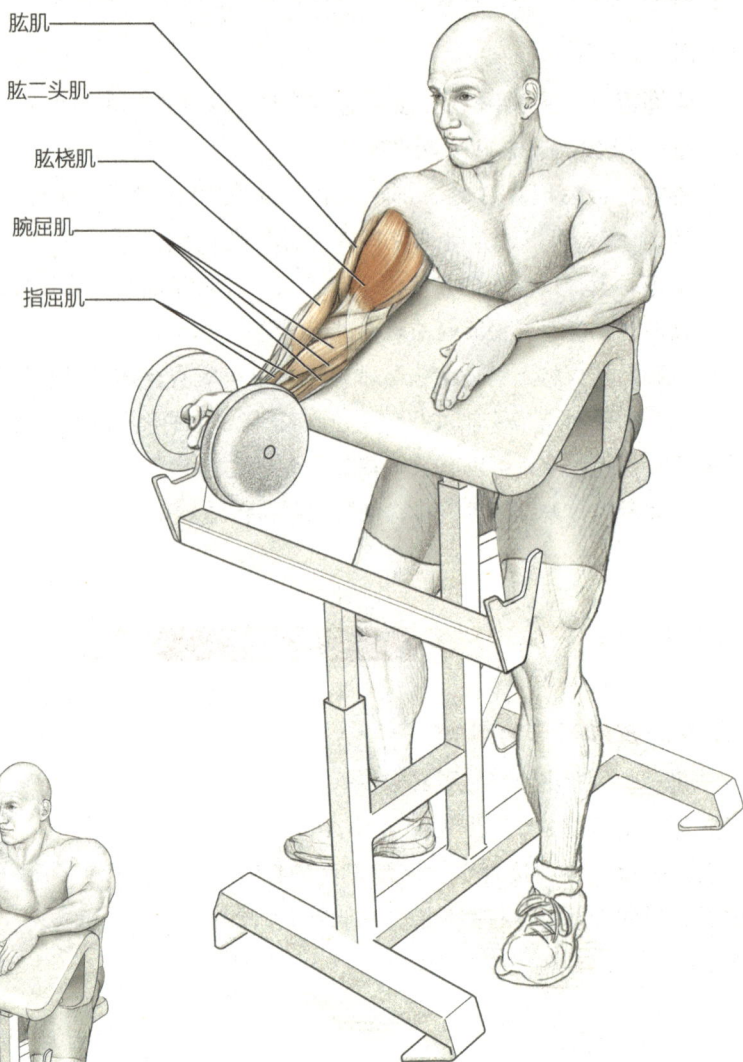

肱肌

肱二头肌

肱桡肌

腕屈肌

指屈肌

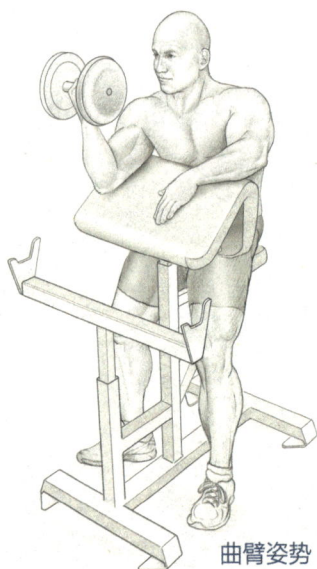

曲臂姿势

训练步骤

1. 坐姿，将上臂置于牧师椅上，手臂伸直，手握哑铃。

2. 弯曲肘关节，手臂向肩部弯曲。

3. 降低哑铃高度，还原到初始姿势。

涉及的肌肉

主要肌群： 肱二头肌

辅助肌群： 肱肌、肱桡肌、前臂肌群（腕屈肌、指屈肌）

训练要点讲解

阻力： 这个版本的练习采用单次单臂的形式进行，这样有助于单独进行肱二头肌的肌群练习。

握式： 采用反握式（掌心向上），保持手部握式为反手握有助于最大程度地收缩肱二头肌。

轨迹： 上臂以倾斜的角度固定，那么阻力在运动起始时达到最大，主要针对肱二头肌末端、接近肘关节处的肌肉进行锻炼。

运动范围： 将上臂固定在牧师椅上可以有效防止运动时肩关节的移动，因此有助于单独针对肱二头肌进行锻炼。在哑铃高度逐渐降低的过程中，肘关节完全伸展开时，稍作停顿可以有效保持肱二头肌的紧张感。

身体姿势： 调整座椅高度，使腋窝部位舒适地抵在挡板上端边缘。

二头肌

器械曲臂弯举

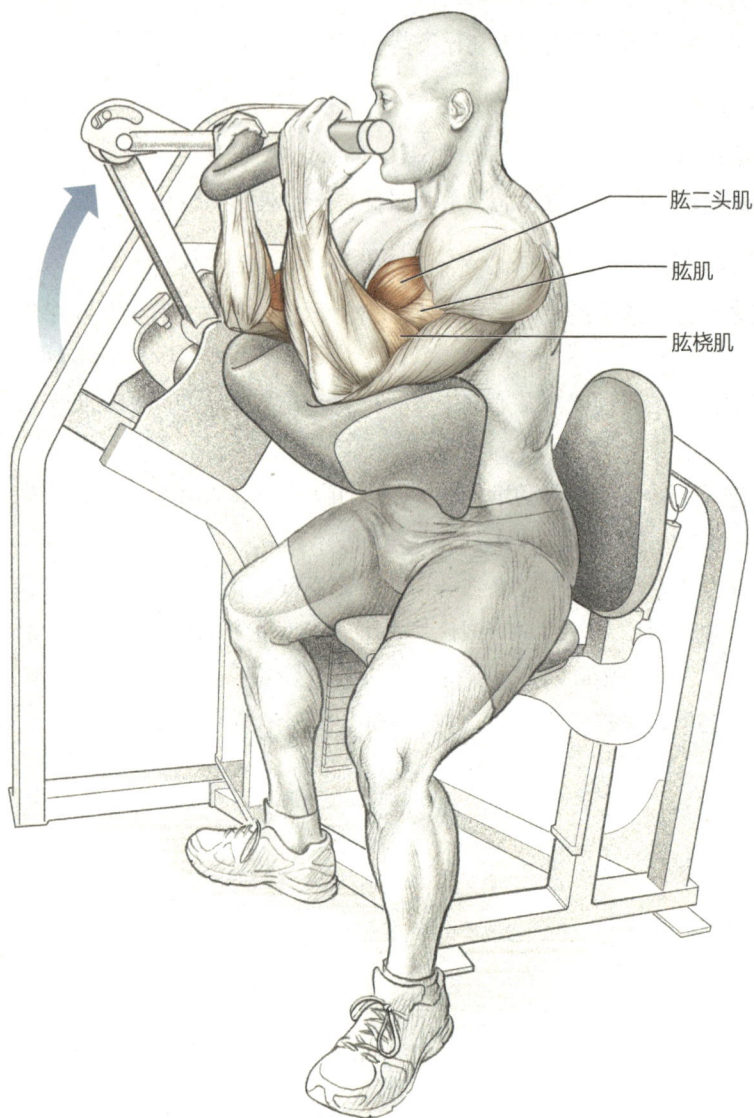

肱二头肌

肱肌

肱桡肌

训练步骤

1. 采用反握式，双手握住手柄，双臂与肩同宽，手臂外侧及肘关节抵住挡板。

2. 通过弯曲肘关节将手臂向肩部弯举。

3. 还原到初始姿势。

涉及的肌肉

主要肌群： 肱二头肌

辅助肌群： 肱肌、肱桡肌、前臂肌群（腕屈肌、指屈肌）

训练要点讲解

手间距： 若手间距较宽，运动重点在肱二头肌内侧（短头）；若手间距较窄，运动重点则转移到肱二头肌外侧（长头）。

握式： 器械手把成一定的角度能比直杠铃更有效地减少腕关节的压力。

轨迹： 倾斜的手臂挡板能主要针对肱二头肌的下半部分进行锻炼。

运动范围： 在曲臂起始运动时，主要针对肱二头肌的下半部分进行锻炼，随着手把的高度逐渐上升，运动重点将逐渐转移到肱二头肌中部。

阻力： 杠铃或哑铃的曲臂练习过程中会产生不同的阻力，而器械曲臂练习的整个运动过程中产生的阻力是一致的。.

二头肌

变化动作

器械平板曲臂弯举

与之前的练习不同，此版本的练习中挡板不是以一定的角度固定，而是水平的，这样的角度有助于针对肱二头肌顶端进行锻炼。

单臂器械曲臂弯举

此版本的练习以单次单臂的形式进行，更有助于针对肱二头肌肌群的单独锻炼。

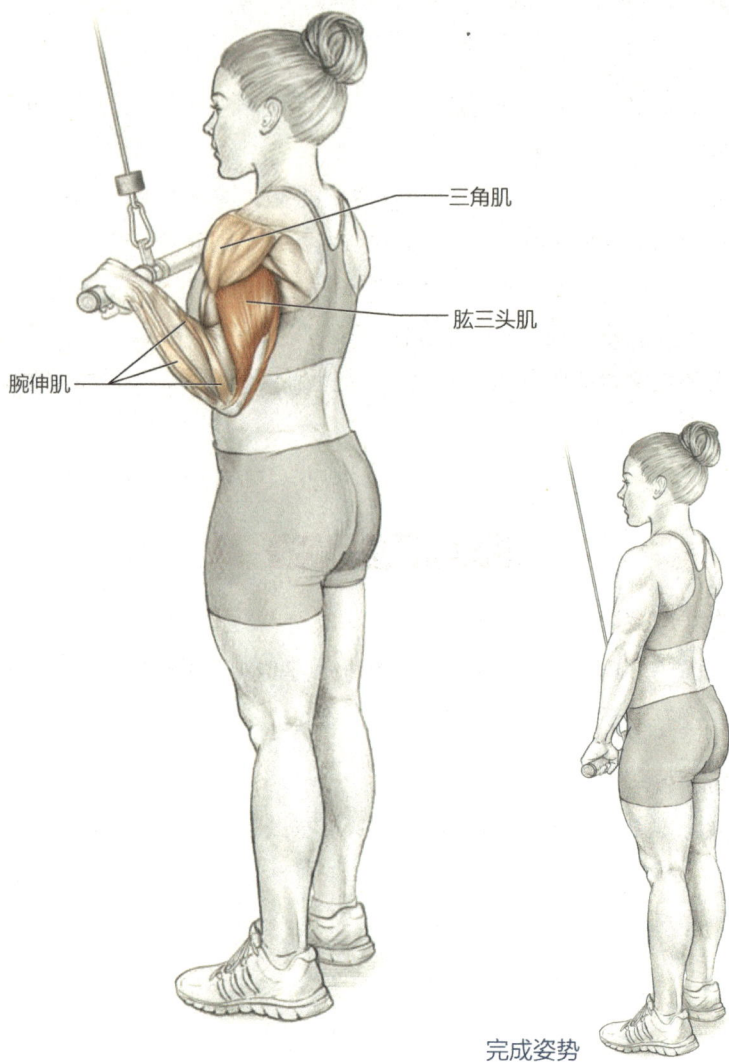

三角肌

肱三头肌

腕伸肌

三头肌

完成姿势

训练步骤

1. 面向重力片，双手采用正握式握住手把，双手与肩同宽，拉力器固定在高处。

2. 运动开始时，将手把高度固定在胸部位置，肘关节弯曲角度稍过 90 度。

3. 保持上臂稳定，将手把向下拉直到肘关节闭合（手臂伸直）。

涉及的肌肉

主要肌群：肱三头肌

辅助肌群：三角肌、前臂肌群（腕伸肌）

训练要点讲解

手间距：若手间距较宽，运动重点在肱三头肌内侧（长头）；若手间距较窄，运动重点则转移到肱三头肌外侧（侧头）。

握式：如果采用直杠铃，那么正握式（掌心向下）主要强调肱三头肌外侧部分的肌肉练习，而反握式（掌心向上）则针对内侧肌肉进行练习。如果采用 V 形杠铃进行练习，手部姿势则变为中立握（拇指向上），这样针对三头肌的三个头进行平均练习。

轨迹：上臂与地面垂直，那么三头肌的外侧部分主要参与到运动中来。如果手臂与地面平行，那么主要针对三头肌的内侧进行锻炼。

运动范围：将上臂部分固定在体侧可以有效防止运动过程中肩膀的移动，这是单独对肱三头肌进行锻炼的最佳方法。手臂动作应该通过肘关节来完成。

阻力：进行杠铃或哑铃练习时，在手臂抬起的过程中阻力会发生变化，而拉力器则在整个运动过程中提供一致的阻力。

身体姿势：脊柱伸直，身体笔直立于地面是此练习的标准姿势。使用较重的重力片时身体稍微前倾则有助于保持身体的稳定性。

变化动作

绳下推

绳下推的变化动作能够为腕部提供强制性的内旋，这样可以针对肱三头肌的外侧头进行练习。

反握式下推

反握式主要针对肱三头肌的内侧长头进行锻炼。

单臂下推

此版本的练习以单次单臂进行，手握 D 型手柄，可以使用正握或反握，都有助于针对肱三头肌进行单独练习。

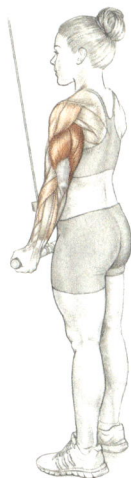

双杠臂屈伸

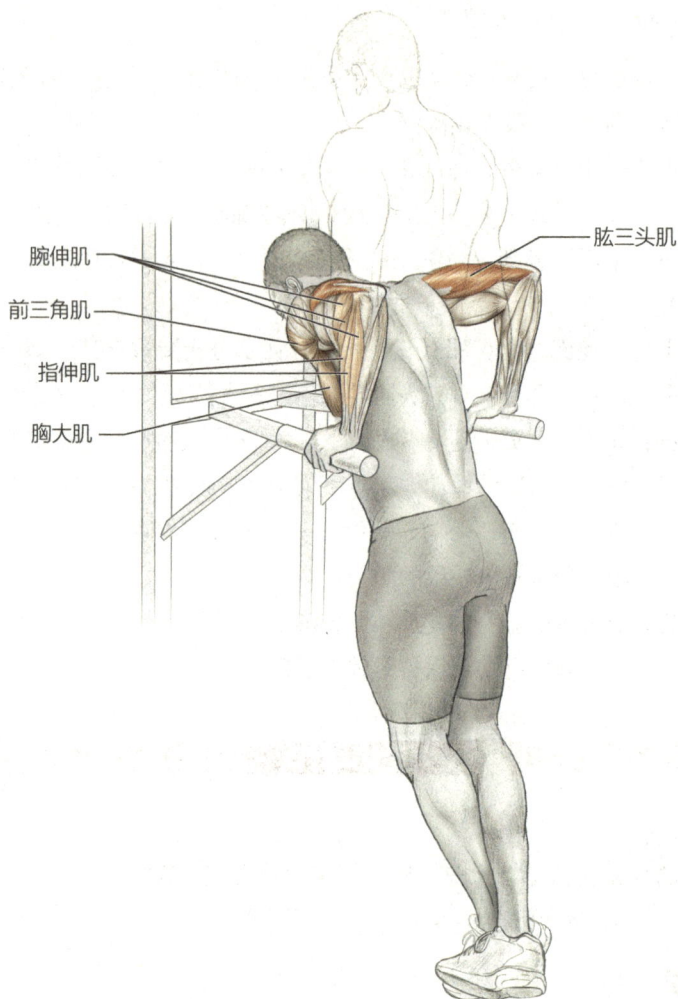

腕伸肌

前三角肌

指伸肌

胸大肌

肱三头肌

训练步骤

1. 手握双杠将自身托举，直到手臂完全伸直。

2. 弯曲肘关节，缓慢降低身体高度，直到上臂几乎与地面平行。运动中保持身体与地面垂直。

3. 重新将自身托举，增强手臂力量直到手臂伸直。

涉及的肌肉

主要肌群：肱三头肌

辅助肌群：胸大肌、前三角肌、前臂肌群（腕伸肌、指伸肌）

训练要点讲解

手间距：若手间距较宽，运动重点在肱三头肌内侧（长头）；若手间距较窄，运动重点则转移到肱三头肌外侧（侧头）。

握式：此练习的标准握式（掌心相对，拇指向前）能够有效刺激肱三头肌的三个头，主要强调内侧长头。如果使用反握式，掌心向外，拇指向后，则针对肱三头肌的外侧（长头）进行锻炼。

轨迹：运动过程中保持肘关节紧贴体侧，这样有助于单独对肱三头肌进行锻炼。运动中若肘关节向外张开则使得胸部肌肉也参与到运动中来。

运动范围：为了更有效地单独对肱三头肌进行锻炼，此练习应该尽量减少肩部的运动。运动应该仅限于肘关节的开合。

身体姿势：为了重点锻炼肱三头肌，运动中始终保持身体与地面垂直。若身体向前倾斜则使得胸部肌肉用力更多。

阻力：运动中的阻力来自于自身的体重，不容易进行调节。运动爱好者可以通过在胯部周围添加重量以增加运动的阻力。

三头肌

变化动作

器械双杠臂屈伸

　　此版本的变化动作是坐立于三头肌双杠臂屈伸器械上完成的。这样，在运动过程中的阻力是可以调节的，使得健身爱好者更加专注于肱三头肌的练习。所有双杠臂屈伸练习的要点也都适用于此版本的器械变化动作。

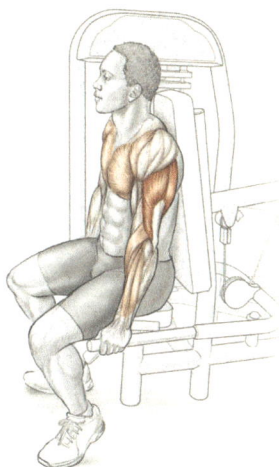

仰卧三头肌屈伸

指伸肌

腕伸肌

胸大肌

三角肌

肱三头肌

训练步骤

1. 仰卧于平椅上，采用正握式手握杠铃或 EZ 杠，双臂伸直于胸前，两手间距大约为 6 英寸（15 厘米）。

2. 弯曲肘关节，缓慢将杠铃降低高度直到触及前额。

3. 将杠铃垂直推起直到肘关节闭合，双臂伸直。

涉及的肌肉

主要肌群： 肱三头肌

辅助肌群： 胸大肌、三角肌、前臂肌群（腕伸肌、指伸肌）

训练要点讲解

手间距： 若手间距较宽，运动重点在肱三头肌内侧（长头）；若手间距较窄，运动重点则转移到肱三头肌外侧（侧头）。运动中始终保持肘关节贴近体侧，防止肘关节外张。

握式： 若使用直杆，采用正握式或反握式都可以。若使用的是 EZ 杠或哑铃（详见变化动作）则需要采用中立握。正握式主要强调长头而反握式主要强调侧头，中立握则可涵盖三个头的锻炼。

轨迹： 手臂垂直的姿势会对肱三头肌的长头进行拉伸，因此，此练习主要针对的是肱三头肌的长头。若杠铃在下降的过程中低于前额，则对长头产生更大的拉伸，在此过程中肌肉会更加收缩。

身体姿势： 运动中保持手臂与地面垂直。不要向脸部和下巴方向过分降低杠铃高度，这样会使肘关节向下，同时使三角肌和胸大肌更多地参与到运动中来。

运动范围： 为了更好地针对肱三头肌进行锻炼，运动过程中的动作只能发生在肘关节处，肩关节不可移动。

变化动作

哑铃仰卧三头肌屈伸

此版本的变化动作中双手各握一哑铃，双臂同时运动。拇指应该指向脸部（中立握式）。

反握式仰卧三头肌屈伸

此练习中采用反握式，主要强调肱三头肌的侧头的锻炼。

杠铃坐式三角肌推举

腕伸肌

腕屈肌

肱三头肌

三角肌

训练步骤

1. 坐立于长椅上，采用窄间距正握式握杠铃，双臂伸直于头顶。

2. 弯曲肘关节，降低杠铃高度于头后。

3. 双臂将杠铃垂直上推，直到肘关节闭合，双臂伸直。

涉及的肌肉

主要肌群：肱三头肌

辅助肌群：三角肌、前臂肌群（腕伸肌、腕屈肌）

训练要点讲解

手间距：若手间距较宽，运动重点在肱三头肌内侧（长头）；若手间距较窄，运动重点则转移到肱三头肌外侧（侧头）。运动中始终保持两肘关节贴近耳侧，防止肘关节外张。

握式：若使用直杆，此练习要求采用正握式。若使用的是 EZ 杠或哑铃（详见变化动作）则需要采用中立握。正握式主要强调长头而反握式主要强调侧头，中立握则可涵盖三个头的锻炼。

轨迹：手臂垂直的姿势会对肱三头肌的内侧长头进行拉伸，因此，此练习主要针对这部分肌肉进行锻炼。

运动范围：为了更好地针对肱三头肌进行锻炼，运动过程中的动作只能发生在肘关节处，肩关节不可移动。

安全小贴士：进行此练习时，需要注意两点安全问题：1.防止三头肌肌腱过分拉伸；2.注意肩关节位置和姿势，防止肩部受伤。因此，肘关节和肩关节疼痛的健身者不建议做此动作。

三头肌

变化动作

EZ 杠三头肌推举

此版本的变化动作中采用 EZ 杠，这样健身者可以有多种握式选择。

哑铃坐式三角肌推举

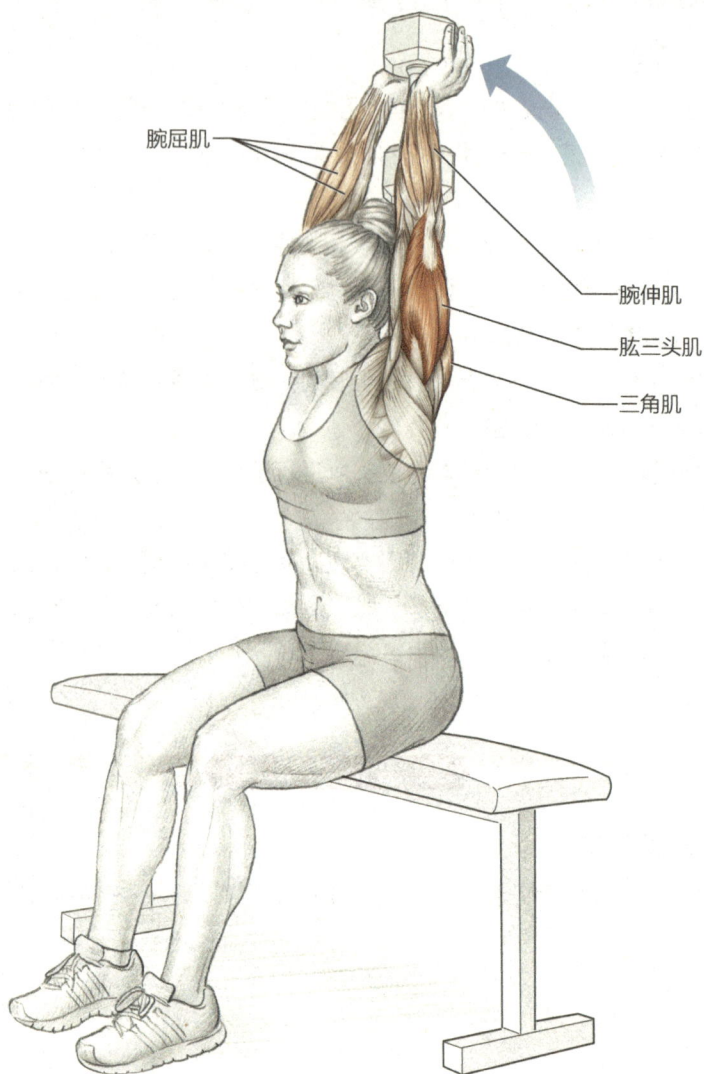

腕屈肌

腕伸肌

肱三头肌

三角肌

训练步骤

1. 坐立于长椅上，双手握住一个哑铃，双臂伸直于头顶。手指握住哑铃的配重片。

2. 弯曲肘关节，肘关节向前，前臂向后，降低哑铃高度于头后。

3. 双臂将哑铃垂直上推，直到肘关节闭合，双臂伸直。

涉及的肌肉

主要肌群： 肱三头肌

辅助肌群： 三角肌、前臂肌群（腕伸肌、腕屈肌）

训练要点讲解

握式： 手握哑铃时要保持哑铃与地面垂直。手指环住手柄周围（中立握式）或握住哑铃上端的配重片（正握式）。中立握可涵盖三个头的锻炼而正握式主要针对内侧长头进行锻炼。

手间距： 两手保持相对较窄的手间距，在运动中肘关节需要向外张。

轨迹： 保持手臂垂直使肱三头肌的内侧长头得到拉伸，增强了它的锻炼效果。

运动范围： 为了更好地针对肱三头肌进行锻炼，运动过程中的动作只能发生在肘关节处。上臂要始终保持垂直。

安全小贴士： 任何正握式的三头肌屈伸练习都会使肩关节处于易受伤的状态，因此，肩关节疼痛的健身者不建议做此动作。

变化动作

单臂哑铃坐式三角肌推举

此版本的变化动作主要强调外侧侧头的锻炼，练习时通过单次单臂的形式完成。手握哑铃时保持掌心向前。

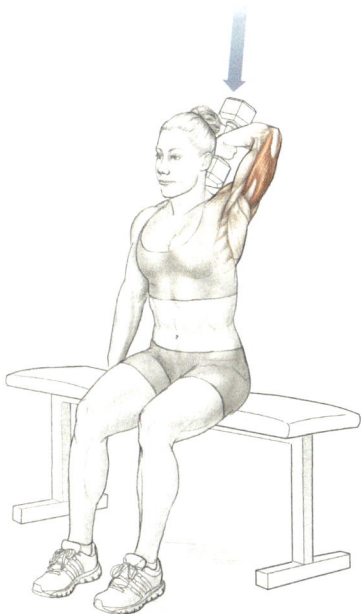

窄握距仰卧推举

胸大肌

肱三头肌

前三角肌

训练步骤

1. 仰卧于长椅上。双手采用正握式，保持两手手间距为6英寸（15厘米）左右。

2. 逐渐降低杠铃高度直到触及胸部中间位置。

3. 垂直将杠铃上推直到肘关节闭合，手臂伸直。

涉及的肌肉

主要肌群： 肱三头肌、胸大肌

辅助肌群： 三角肌

训练要点讲解

手间距： 为了针对肱三头肌进行锻炼，手间距应该窄于肩宽。

握式： 此练习采用反握式也是为了针对肱三头肌的锻炼，但是这样的握式要求手间距稍宽（详见变化动作）。

轨迹： 保持肘关节贴近体侧来进行肱三头肌而非胸部肌肉的锻炼。

运动范围： 为了将锻炼效果最大化，需要完成一个完整的运动范围（完成整个肘关节的开合）

◀ 变化动作 ▶

反握式仰卧推举

此版本的变化动作中使用反握式（掌心向上），要求双手手间距比肩稍宽。同样，也是针对肱三头肌进行锻炼。

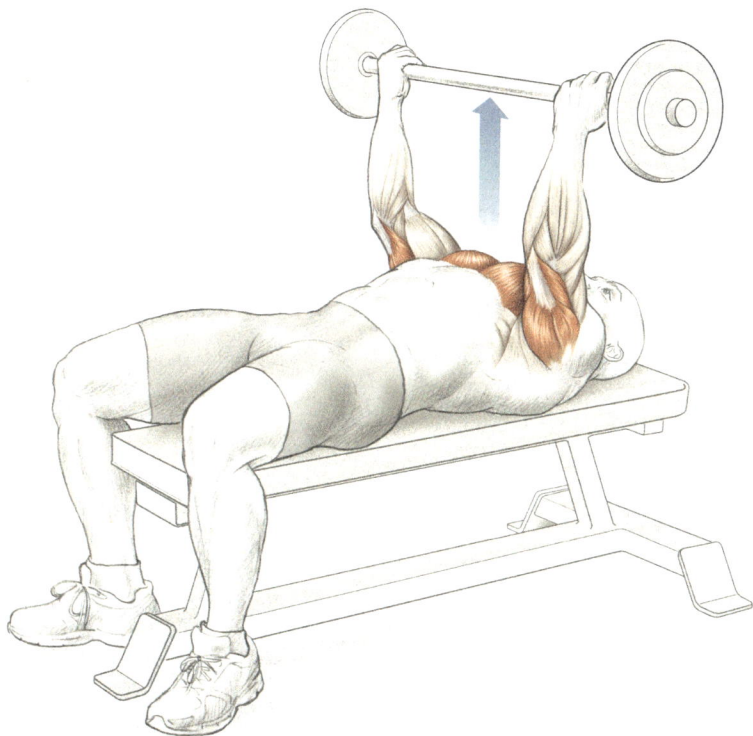

哑铃单臂后屈伸

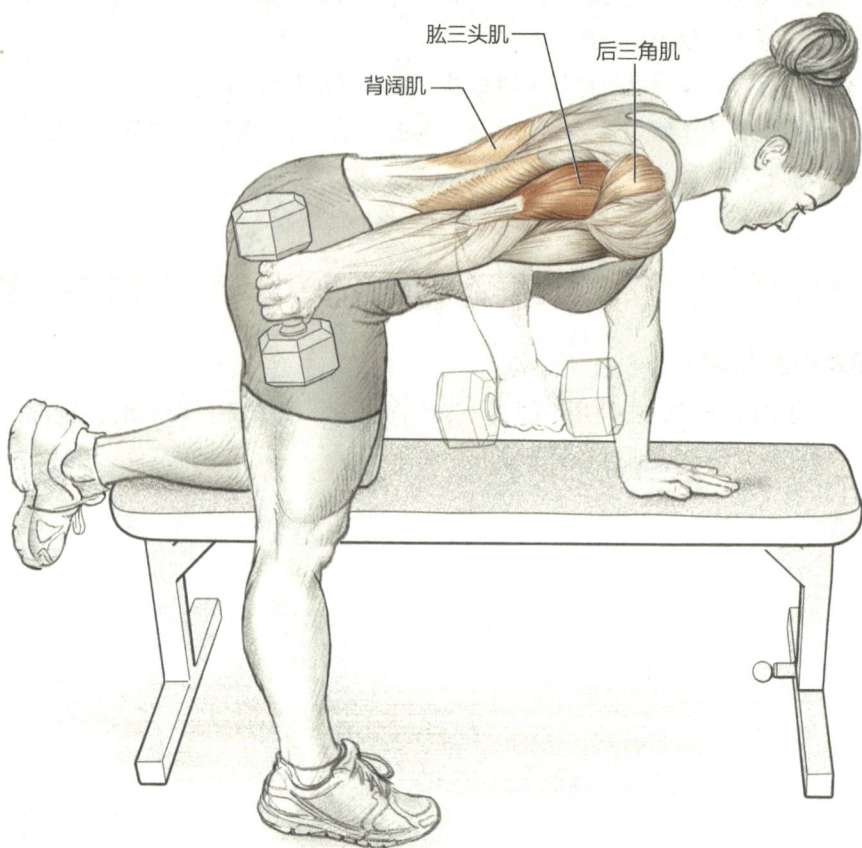

肱三头肌

后三角肌

背阔肌

训练步骤

1. 单手握一哑铃，腰部以上向前弯曲，另一侧的手和膝盖置于长椅上支撑身体（如图所示）。

2. 运动开始，保持上臂与地面平行，肘关节弯曲成90度。

3. 向上抬起哑铃，加强手臂力量，直到肘关节打开。

涉及的肌肉

主要肌群：肱三头肌

辅助肌群：后三角肌、背阔肌

训练要点讲解

握式： 采用中立握式（拇指向前）能够有效针对肱三头肌的三个头进行锻炼。旋转哑铃至掌心向上则主要针对外侧侧头进行锻炼。

轨迹： 运动时保持上臂与地面平行，肘关节贴近体侧。

运动范围： 为了针对肱三头肌进行单独练习，肩部应该保持稳定。运动仅限于肘关节。

阻力： 由于重力作用，在哑铃上举的过程中产生的阻力是不同的，并且逐渐增加。

身体姿势： 身体应该略平行于地面。如果身体直立，则不能有效完成此动作。

变化动作

拉力器单臂后屈伸

此版本的变化动作中使用 D 型手环，拉力器滑轮固定在低处。哑铃单臂后屈伸的练习中阻力会不断变化，而拉力器在单臂后屈伸的运动中产生的阻力是一致的。

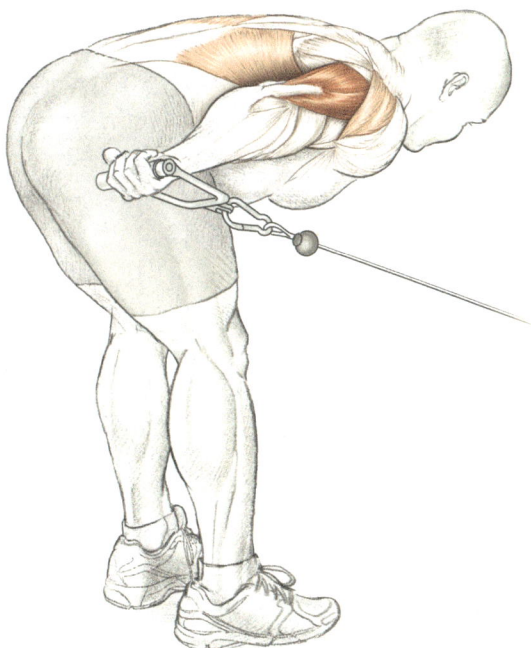

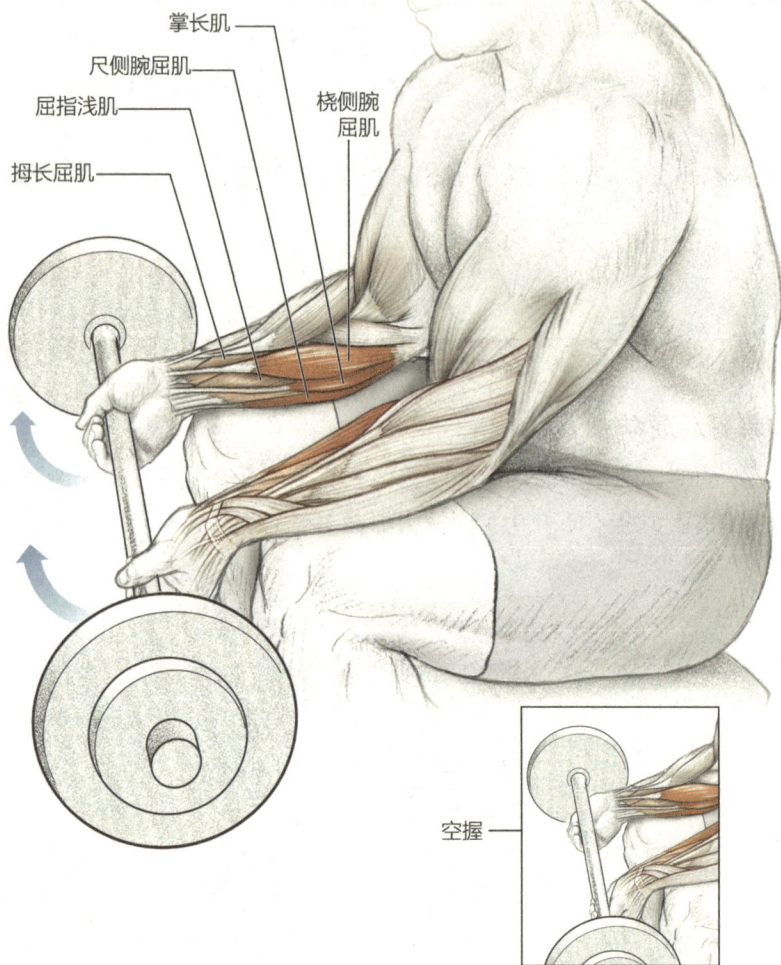

前臂

掌长肌

尺侧腕屈肌

屈指浅肌

桡侧腕屈肌

拇长屈肌

空握

训练步骤

　　1. 坐立于长椅边缘，双手采用反握式握杠铃，双手与肩同宽，将前臂置于大腿上侧。

　　2. 通过弯曲手腕使杠铃向下。

　　3. 通过腕部的弯曲卷举杠铃。

涉及的肌肉

主要肌群：掌长肌、桡侧腕屈肌、尺侧腕屈肌

辅助肌群：屈指浅肌、屈指深肌、拇长伸肌

训练要点讲解

手间距：最为理想的手间距应该是与肩同宽或略窄于肩。双手应该与前臂成一条直线，以减少腕关节的压力。

握式：此练习要求采用反握式（掌心向上）。健身者可以根据个人习惯使拇指低于或高于杠铃。拇指置于杠铃下方（空握式）的一个好处在于可以使杠铃下降的高度更低，扩大运动范围。

运动范围：在杠铃向下的运动过程中使杠铃滚动至手指以下可以增加运动范围。空握式可以协助健身者完成此动作。随着杠铃向上卷曲，指屈肌参与运动使得杠铃卷向手掌。由于指屈肌是前臂肌群的重要部分，因此重复练习可以增强前臂肌群的力量和塑形。

轨迹：通过调整前臂与地面的角度可以改变运动阻力，从而调整运动的侧重点。前臂与地面保持平行时，运动阻力在一开始抬杠铃的过程中达到最大。当前臂向地面倾斜，且肘关节高于腕部时，阻力则最小。这样的运动轨迹在增强前臂收缩的练习中更有效。

身体姿势：健身者可以通过以下方法来支撑前臂：前臂在双腿之间，置于长椅上；坐立时，前臂位于大腿上；将前臂置于牧师椅倾斜的挡板上。

变化动作

哑铃卷腕

此版本的变化动作通过单次单臂手握哑铃完成。

牧师椅卷腕

此版本的变化动作中，健身者将前臂置于牧师椅的倾斜挡板上。

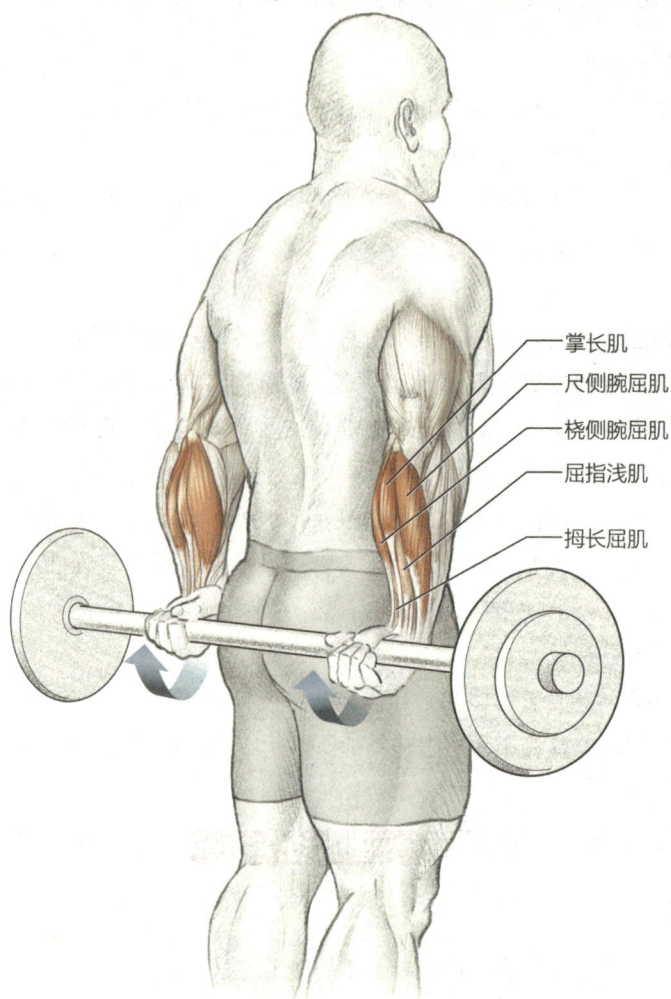

掌长肌

尺侧腕屈肌

桡侧腕屈肌

屈指浅肌

拇长屈肌

训练步骤

1. 身体直立于地面，手握杠铃（正握式），双臂于身体后方臀部以上位置伸直，采用正握式，双手与肩同宽。

2. 通过弯曲腕部是杠铃向上，向后卷曲。

3. 利用手腕伸展向下降低配重片的高度。

涉及的肌肉

主要肌群：掌长肌、桡侧腕屈肌、尺侧腕屈肌

辅助肌群：屈指浅肌、屈指深肌、拇长伸肌

训练要点讲解

手间距：最为理想的手间距应该是与肩同宽或略宽于肩。双手应该与前臂成一条直线，以减少腕关节的压力。

握式：此练习要求采用正握式（掌心向后）。健身者可以根据个人习惯使拇指低于或高于杠铃。拇指置于杠铃下方（空握式）的一个好处在于可以使杠铃下降的高度更低，扩大运动范围。

运动范围：在杠铃向下的运动过程中使杠铃滚动至手指以下可以增加运动范围。空握式可以协助健身者完成此动作。随着杠铃向上卷曲，指屈肌参与运动使得杠铃卷向手掌。由于指屈肌是前臂肌群的重要部分，因此重复练习可以增强前臂肌群的力量和塑形。

轨迹：由于前臂与地面垂直，因此在运动初期以及随着杠铃向上卷起的运动末期，阻力达到最小。相比于弯曲肘关节，在运动中保持手臂伸直可以使肌肉得到更多的拉伸。

身体姿势：轻微弯曲膝盖可以减轻大腿后侧杠铃的压力。

前臂

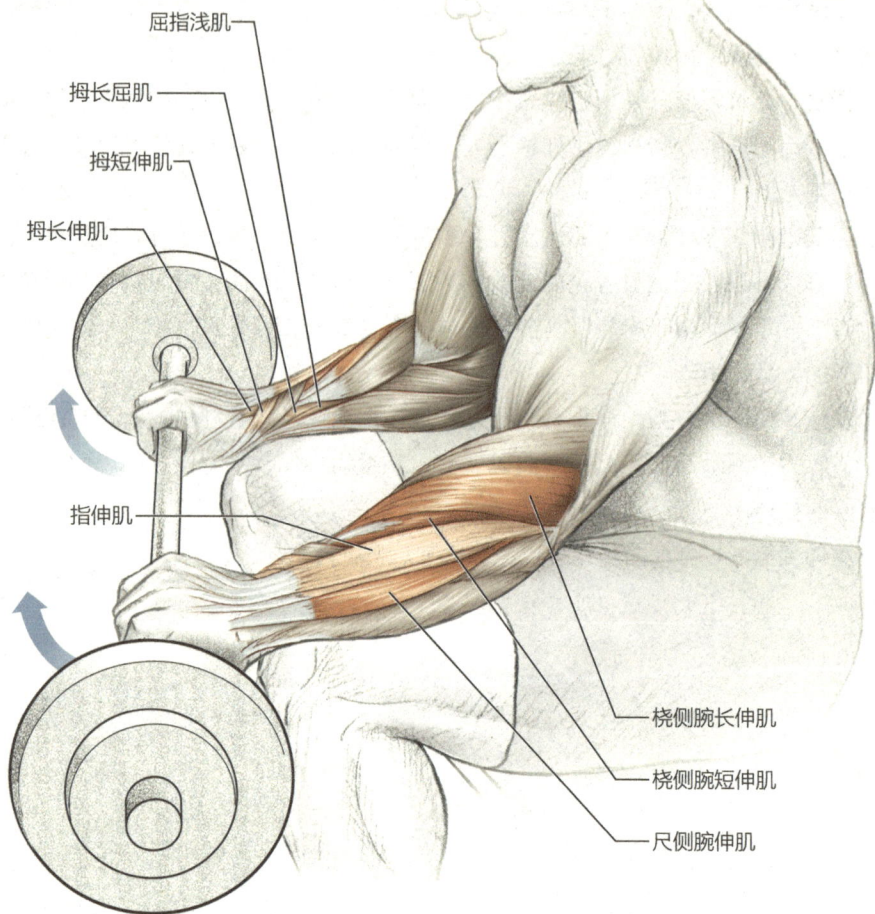

屈指浅肌

拇长屈肌

拇短伸肌

拇长伸肌

指伸肌

桡侧腕长伸肌

桡侧腕短伸肌

尺侧腕伸肌

训练步骤

1. 采用正握式手握杠铃，将前臂置于大腿上或长椅边缘。

2. 通过手腕向地面弯曲降低杠铃高度。

3. 伸展腕部来抬起配重片。

涉及的肌肉

主要肌群： 桡侧腕长伸肌、桡侧腕短伸肌、尺侧腕伸肌

辅助肌群： 指伸肌、拇长伸肌、拇短伸肌、食指伸肌（指示伸肌）、屈指浅肌、跖深屈肌、拇长屈肌

训练要点讲解

手间距： 最为理想的手间距应该是与肩同宽或略窄于肩。双手应该与前臂成一条直线。

握式： 此练习要求采用正握式（掌心向下），拇指环绕于杠铃上。

轨迹： 通过调整前臂与地面的角度可以改变运动阻力，从而调整运动的侧重点。前臂与地面保持平行时，运动阻力在一开始抬杠铃，杠铃向上卷起的过程中达到最大。前臂与地面成一定的角度，肘关节高于腕部时，阻力则最小。这样的运动轨迹在增强前臂收缩的练习中更有效。

运动范围： 完整的运动轨迹可以使前臂的运动效果最大化。

身体姿势： 健身者可以通过以下方法来支撑前臂：前臂在双腿之间，置于长椅上；坐立时，前臂位于大腿上；将前臂置于牧师椅倾斜的挡板上；站立时在没有支撑的情况下使前臂与地面平行。

变化动作

哑铃正握卷腕

此版本的变化动作通过单次单臂手握哑铃完成。

牧师椅正握卷腕

此版本的变化动作中，健身者将前臂置于牧师椅的倾斜挡板上。

前臂

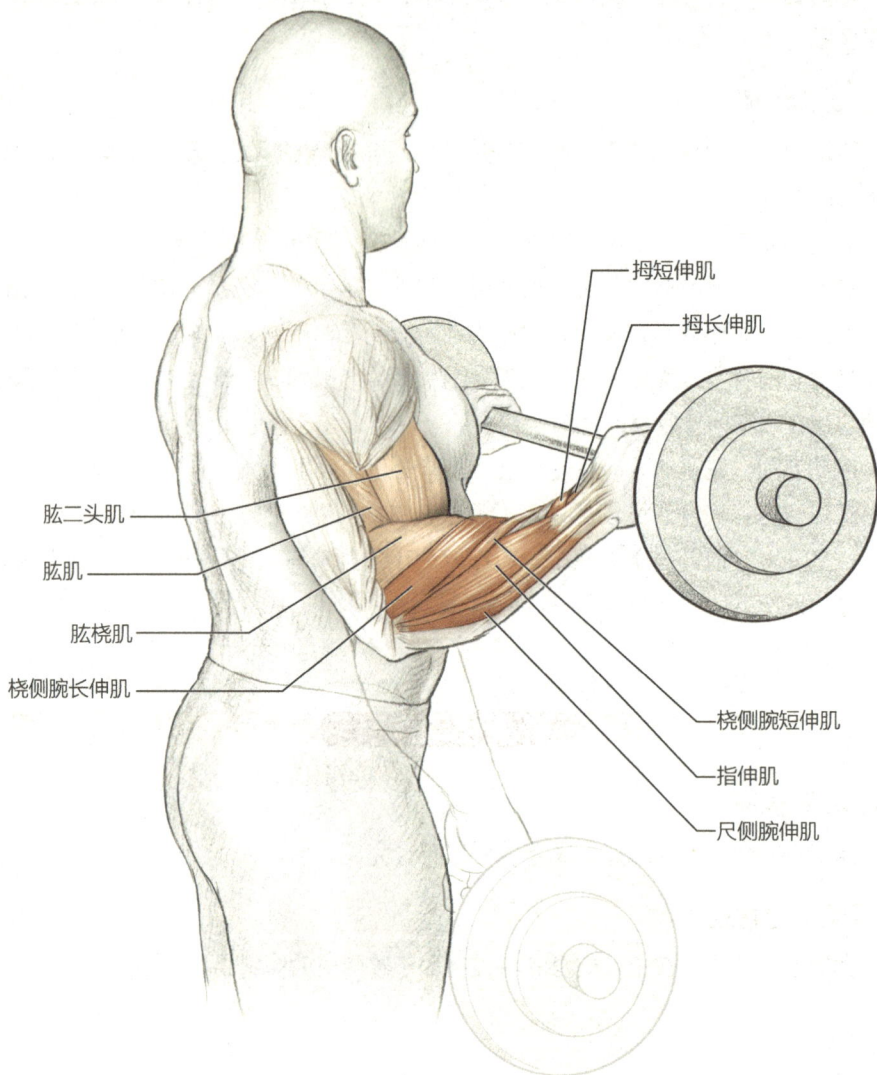

拇短伸肌

拇长伸肌

肱二头肌

肱肌

肱桡肌

桡侧腕长伸肌

桡侧腕短伸肌

指伸肌

尺侧腕伸肌

训练步骤

1. 采用正握式手握杠铃，双手与肩同宽，伸直于体前。

2. 将杠铃向上抬起至肩部高度，向上弯曲手腕同时弯曲肘关节。

3. 缓慢放下杠铃，同时弯曲腕部还原到初始姿势。

涉及的肌肉

主要肌群： 桡侧腕长伸肌、桡侧腕短伸肌、尺侧腕短伸肌、指伸肌、拇长伸肌、拇短伸肌、食指伸肌（指示伸肌）

辅助肌群： 肱二头肌、肱肌、肱桡肌

训练要点讲解

手间距： 最为理想的手间距应该是与肩同宽。双手应该与前臂成一条直线。

握式： 此练习要求采用正握式（掌心向下），拇指绕于杠铃。

运动范围： 为了最大限度地使前臂参与运动，需要保证腕部有充分的运动范围。当抬起杠铃时应该最大限度地向后翘起手腕，放下杠铃时向下弯曲手腕。

阻力： 由于重力作用，抬起杠铃时阻力增加。为了确保前臂的最佳运动效果，应尽量延缓腕部伸展动作，直到前臂与地面平行。

前臂

变化动作

哑铃正握弯举

此版本的变化动作通过两手各握一哑铃单次单臂完成，此练习要求采用正握式。

卷腕器

利用一根结实的绳子，一端从一小重力片中心穿过形成扫把形。采用正握式手握另一端，通过卷腕将重力片周围的绳子绕起从而将重力片抬起。动作完成后换一只手进行。

中立握哑铃弯举

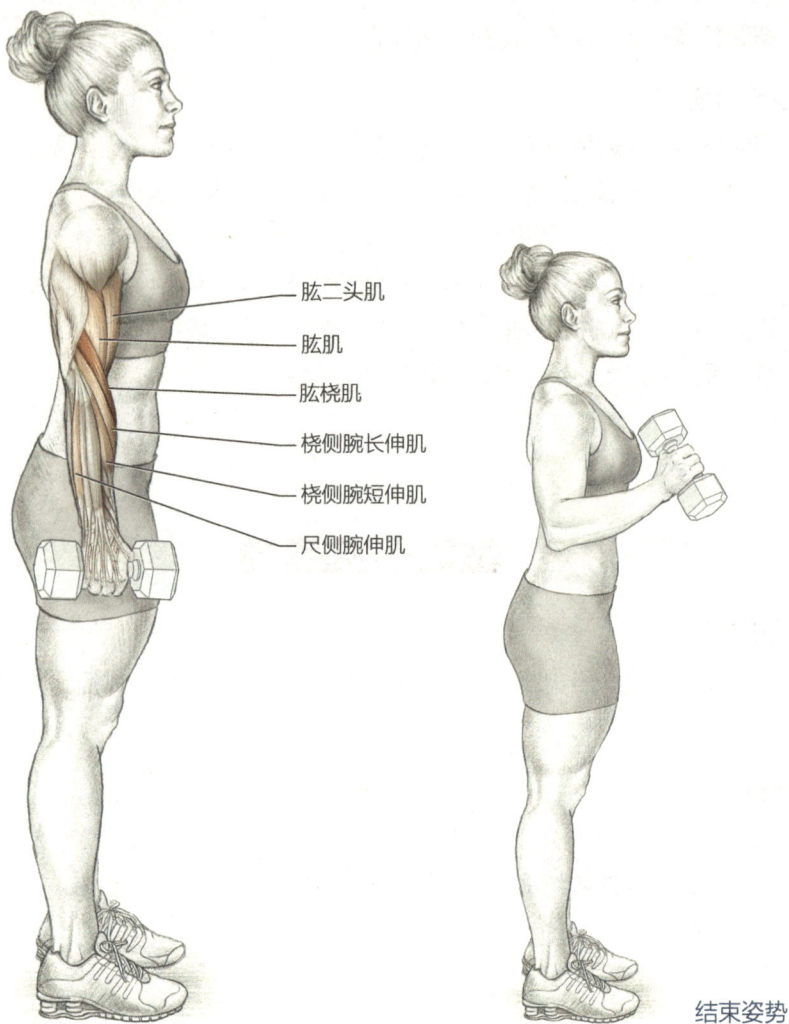

肱二头肌

肱肌

肱桡肌

桡侧腕长伸肌

桡侧腕短伸肌

尺侧腕伸肌

结束姿势

训练步骤

1.两手各握一哑铃，掌心向内，拇指向前（中立握）。

2.保持掌心向内，将哑铃向上曲臂抬起至肩部。

3.降低哑铃高度，还原到初始姿势。另一只手臂进行练习。

涉及的肌肉

主要肌群： 肱桡肌

辅助肌群： 肱肌、桡侧腕长伸肌、桡侧腕短伸肌、尺侧腕伸肌、掌长肌、桡侧腕屈肌、尺侧腕屈肌、肱二头肌

训练要点讲解

握式： 此练习要求采用中立握式（掌心向内），拇指绕于哑铃手柄。

运动范围： 为了扩大前臂运动的效果，保持手腕与哑铃垂直，抬起哑铃时拇指向上。

轨迹： 为了针对肱桡肌进行锻炼，抬起哑铃时，尽量将哑铃于体前抬起而非体侧。

前臂

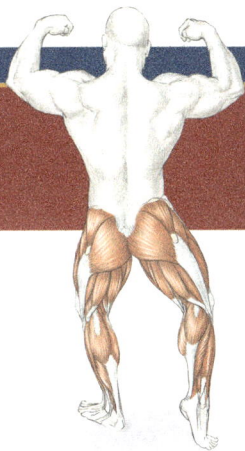

第 5 章

腿部

腿部分为大腿和小腿两部分（图 5.1）。大腿主要由一块骨骼即股骨构成，而小腿则由两部分骨骼构成：胫骨（位于大脚趾一侧）以及腓骨（位于小脚趾一侧）。

膝关节作为铰链关节连接着胫骨和股骨。膝关节主要负责腿部的两个动作：弯曲和伸展。膝关节弯曲时，小腿向后方弯曲，到达大腿后侧。而膝关节伸展时，小腿则离开大腿，腿部伸直。

髋关节是一个类似滚珠和承窝的关节，它连接着股骨上端以及盆骨。髋关节主要负责 6 个腿部动作：弯曲、屈伸、外展、内展、内旋以及外旋。髋关节弯曲时，大腿朝向腹部弯曲，而髋关节屈伸则是大腿朝向臀部方向向后。髋关节在大腿外展时分开，而在做内展动作时合并。

踝关节也是一个铰链型关节，连接着胫骨下端、腓骨以及足部的距骨。脚踝背伸时，脚趾抬离地面，足部向胫骨移动。脚踝背屈时，脚跟抬离地面，足部离开胫骨。

股四头肌

股四头肌位于大腿前侧，有 4 个头：

1. 股直肌位于盆骨前侧。
2. 股内肌位于股骨内侧边缘。
3. 股外肌位于股骨外侧边缘。
4. 股中间肌位于股骨前侧表面，隐藏在股直肌下方。

此肌群的 4 个头合并在一起，连接髌骨（膝盖骨）继而通过单一髌腱与位于膝关节下方的胫骨相连。股四头肌的主要职能是负责膝关节的屈伸以及腿部的伸直动作。由于股直肌位于盆骨处，因此这部分肌肉的收缩也负责髋关节的弯曲。

腘绳肌

腘绳肌位于大腿后侧，这组肌群由三部分肌肉组成，从源于盆骨的坐骨部分开始。股二头肌由大腿外侧部分的后方穿过膝盖下面，附着到腓骨顶端。

半膜肌由大腿内侧的后方穿过，在膝关节后方连接胫骨上端。半腱肌则是从后方穿过大腿内侧，连接胫骨上方与半膜肌相邻。腘绳肌的三个肌肉部分涵盖了膝关节和髋关节。因此，他们的主要有两项职责：膝盖的弯曲以及髋部的屈伸。

臀肌

臀大肌主要位于盆骨后方的大片区域，向下穿过髋关节与上股骨相连。这组强有力的肌群能够产生髋部的屈伸动作。有助于臀大肌肌群的练习有：深蹲、提举以及弓步练习。

参与髋关节运动的其他肌群还有：

臀部内收肌群（大腿内侧）：股薄肌、长收肌、内收大肌以及短收肌

臀部外展肌群：阔筋膜张肌、臀中肌、臀小肌

臀屈肌群：缝匠肌、髂腰肌以及股直肌

臀伸肌群：臀大肌

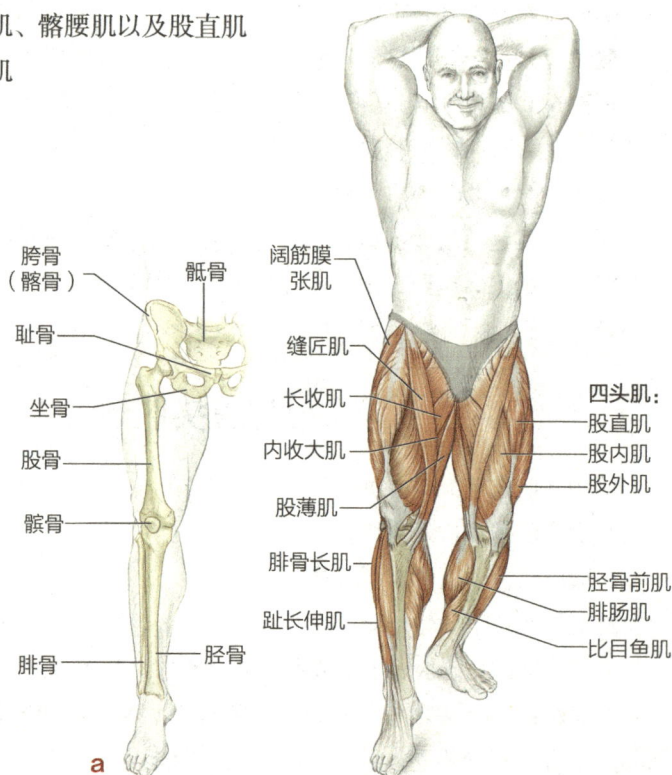

图 5.1 腿部肌肉示意图：(a) 前视图；(b) 后视图

胯骨（髂骨）　骶骨　耻骨　坐骨　股骨　髌骨　腓骨　胫骨

阔筋膜张肌　缝匠肌　长收肌　内收大肌　股薄肌　腓骨长肌　趾长伸肌

四头肌：股直肌　股内肌　股外肌　胫骨前肌　腓肠肌　比目鱼肌

a

小腿

　　小腿部分主要包含 10 块肌肉。主要分为两个肌群。腓肠肌位于小腿后方，是肉眼可见的肌肉。腓肠肌的两个头，分别是内腓肠肌和侧腓肠肌，由股骨的后侧开始生长直到膝关节以上。比目鱼肌位于胫骨后侧，隐藏在腓肠肌下方。

　　腓肠肌和比目鱼肌的肌腱相结合形成跟腱，跟腱位于踝关节后方，连接着人体跟骨。小腿肌肉能够产生人体踝关节跖屈，踮脚站立动作需要这种跖屈。这两块肌肉的其他相关作用会根据膝关节弯曲的角度而发生变化。腿部直立时，腓肠肌主要参与运动，膝关节弯曲时比目鱼肌则更多地参与进来。需要注意的是，腓肠肌可以同时产生膝关节和踝关节的弯曲，因此，它有两个作用：膝关节弯曲和踝关节弯曲。

　　小腿部分的其他组成肌肉还有：

踝伸肌（向背弯曲）：胫骨前肌

踝外翻肌：腓骨长肌、腓骨短肌

踝内翻肌：胫骨后肌

后部

趾屈肌 & 趾伸肌：趾长屈肌、屈拇长肌、趾长伸肌、伸拇长肌

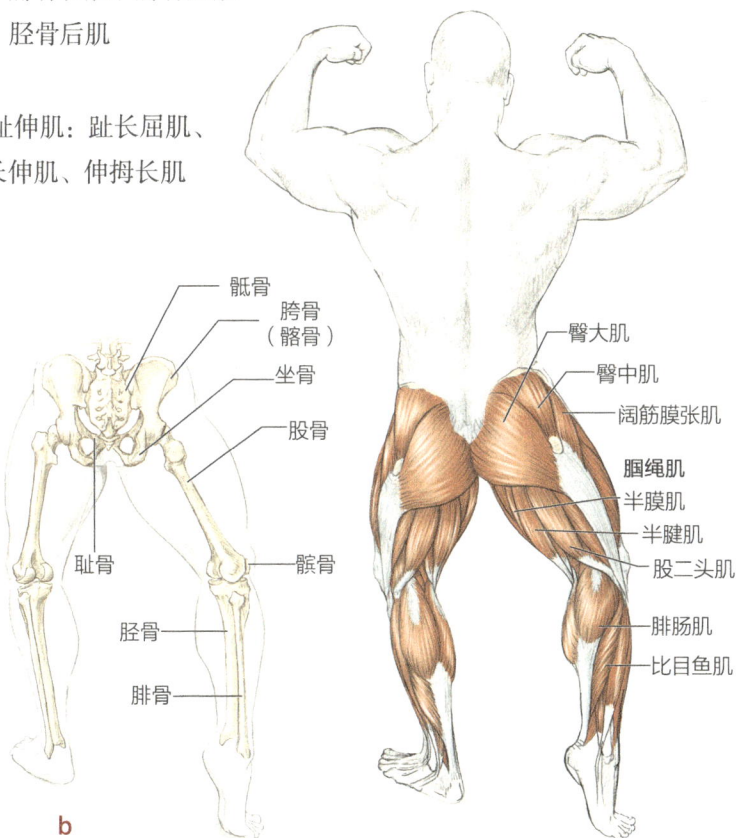

骶骨
胯骨
（髂骨）
坐骨
股骨
耻骨
髌骨
胫骨
腓骨

b

臀大肌
臀中肌
阔筋膜张肌
腘绳肌
半膜肌
半腱肌
股二头肌
腓肠肌
比目鱼肌

曲伸练习

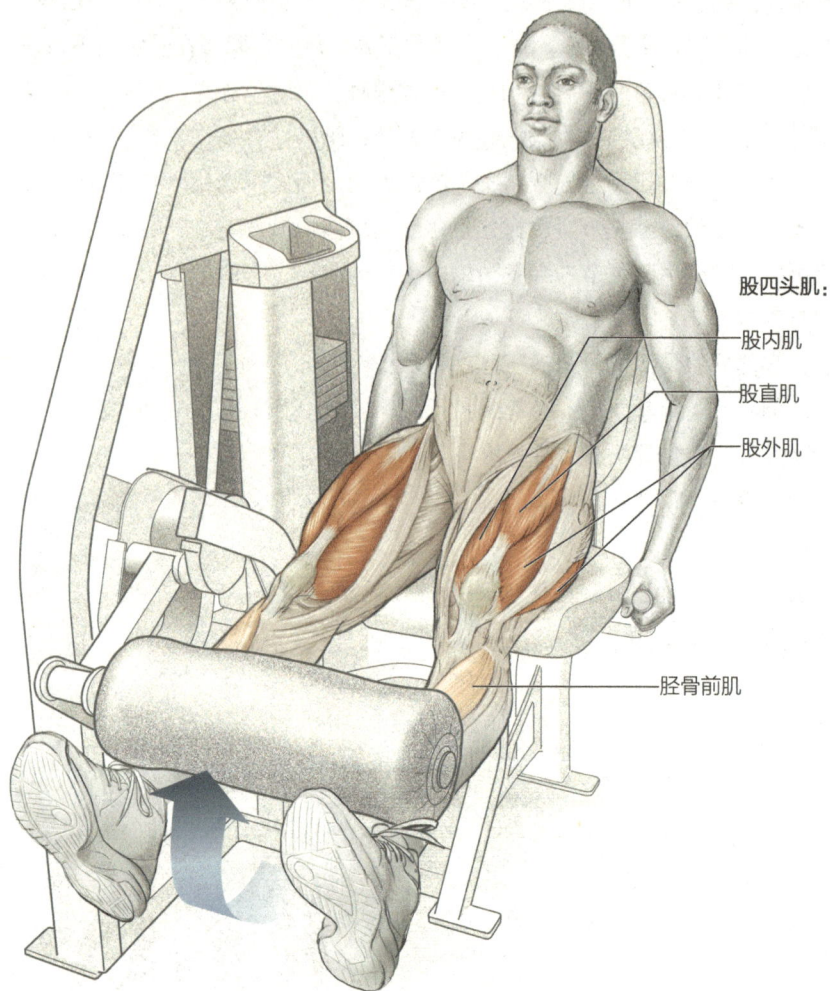

股四头肌:

股内肌

股直肌

股外肌

胫骨前肌

训练步骤

1. 坐于腿部屈伸器前，双脚脚踝置于滚筒底垫下方，膝盖弯曲成90度。

2. 向上抬腿，直到膝盖伸直。

3. 缓慢降低腿部高度，还原到初始姿势。

涉及的肌肉

主要肌群： 股四头肌（股直肌、股内肌、股外肌、股中间肌）

辅助肌群： 胫骨前肌

训练要点讲解

足部姿势： 脚趾向上确保股四头肌的所有部位均匀受力。若脚趾指向内侧，双脚内旋则针对股四头肌的内侧，也就是对股内肌进行锻炼。若脚趾指向外侧，发生外旋，则针对股外肌进行锻炼。

足间距： 由于滚筒底垫的大小有限，因此脚间距调整空间不是很大。但双脚如果并在一起，股外肌得到锻炼；若脚间距略宽，则股内肌也参与到运动中来。

身体姿势： 运动者自行调整靠背，保证膝盖后方（膝盖窝）舒适地抵在座椅边缘以支撑整个大腿。身体向后靠在靠背上或抬起臀部使得髋关节得到拉伸，这样有利于股直肌的拉伸，加强对它的锻炼。

运动范围： 运动弧度应该为 90 度左右。膝盖完全伸直时股四头肌被强制收缩。为了减轻运动对髌骨损伤，膝盖弯曲的角度不要超过 90 度。

阻力： 运动过程中的阻力基本一致，但是许多新型器械阻力会随着腿部高度的变化而增加或减少。运动初始时，膝盖弯曲，髌骨周围的压力最小，因此阻力最小。

◆ 变化动作 ▶

单腿屈伸

此版本的变化动作通过单次单腿来完成，进一步强调股四头肌的锻炼。单腿屈伸练习尤其有助于改善大腿不对称问题或单腿受伤后的恢复。

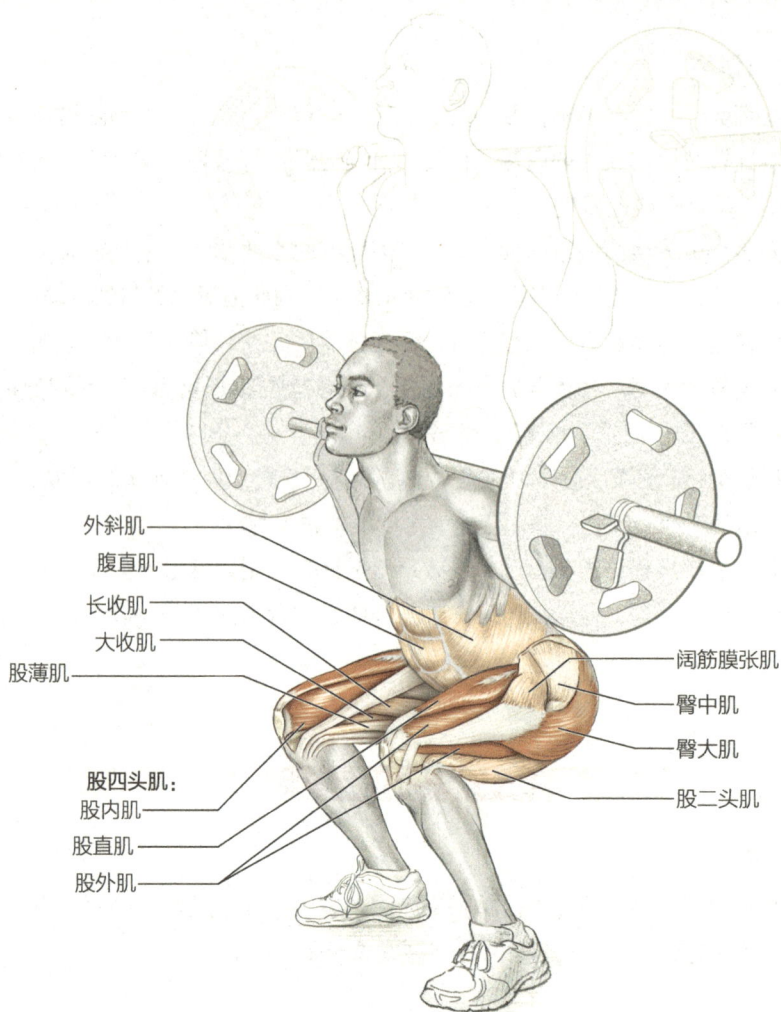

外斜肌
腹直肌
长收肌
大收肌
股薄肌

阔筋膜张肌
臀中肌
臀大肌
股二头肌

股四头肌:
股内肌
股直肌
股外肌

训练步骤

1. 双脚与肩同宽站立,双手采用正握式将杠铃绕于肩后(如图所示)。

2. 缓慢弯曲膝盖直到大腿与地面平行。

3. 缓慢伸直双腿,还原到初始姿势。

小贴士:

深蹲是一项力量练习,练习过程中几乎会利用到身体每一部分的肌肉,但出于健身塑形的目的,这项锻炼的重点在于大腿肌肉。

涉及的肌肉

主要肌群：股四头肌（股直肌、股内肌、股外肌、股中间肌）、臀大肌

辅助肌群：腘绳肌（半腱肌、半膜肌、股二头肌）、内收肌（长收肌、大收肌、短收肌）、股薄肌、阔筋膜张肌、竖脊肌（骶棘肌）、腹肌（腹直肌、外斜肌、内斜肌）

训练要点讲解

足间距：双脚间距过窄主要针对股外肌以及外展肌（阔筋膜张肌）进行锻炼。若双脚与肩同宽，则针对整个大腿进行锻炼。若双脚间距过宽，股内肌、内收肌以及缝匠肌则更多地参与到运动中来。

足部姿势：脚趾向前或微微向外站立，脚趾与大腿和膝盖保持一致方向。

整体姿势：在两脚跟下垫1英寸（约2.5厘米）挡板，使得运动中心向前，这样可以更多地针对股四头肌进行锻炼，减少臀肌的参与。做出这样的调整也有助于减少脚踝和髋关节的移动。将杠铃置于斜方肌稍下方，双肩保持杠铃平衡，从而将运动重心转移到臀肌上。力量型举重员利用这种原理和技巧能够举起更沉的配重片。

身体姿势：在运动过程中始终要保持抬头挺胸，确保双手与杠铃中心位置等距，双手紧握杠铃来保持杠铃稳定和平衡。在下蹲过程中深深吸气，起身时呼气。运动中不要向前弯曲上身以免造成背部受伤。

运动范围：在下蹲的过程中，膝盖成90度时稍做停顿，保持大腿与地面平行。若蹲得过低，则会增加膝关节以及脊椎受伤的风险。

股四头肌

变化动作

颈前杠铃深蹲

此版本的深蹲变化动作，杠铃位置在肩部前方，将运动重点从臀肌向前转移到股四头肌。颈前杠铃深蹲的难度较大，因此配重片的重量可以相应减轻。

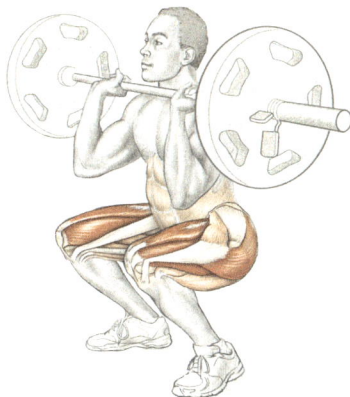

股四头肌

腹直肌
长收肌
大收肌
半膜肌
半腱肌

外斜肌
阔筋膜张肌
臀大肌
股二头肌

股四头肌
股内肌
股直肌
股外肌

训练步骤

1. 身体直立于史密斯机内，将杠铃置于肩部后方，双脚与肩同宽。

2. 缓慢弯曲膝盖，直到大腿与地面平行。

3. 伸直双腿，还原到初始姿势。

小贴士：

深蹲是一项力量练习，练习过程中几乎会利用到身体每一部分的肌肉，但出于健身塑形的目的，这项锻炼的重点在于大腿肌肉的练习。

涉及的肌肉

主要肌群： 股四头肌（股直肌、股内肌、股外肌、股中间肌）、臀大肌

辅助肌群： 腘绳肌（半腱肌、半膜肌、股二头肌）、内收肌（长收肌、大收肌、短收肌）、阔筋膜张肌、竖脊肌（骶棘肌）、腹肌（腹直肌、外斜肌、内斜肌）

训练要点讲解

足部姿势： 双脚与身体成直线时强调股四头肌的锻炼。若双脚位置在身体前侧，那么运动重点将会转移到臀肌和腘绳肌。

足间距： 双脚距离过窄，主要针对股外肌以及外展肌（阔筋膜张肌）进行锻炼。双脚与肩同宽，针对整个大腿肌肉进行锻炼。若双脚间距过宽，那么股内肌，内收肌以及缝匠肌更多地参与到运动中来。

足部姿势： 脚趾向前或微微向外站立，脚趾与大腿和膝盖保持一致方向。

手部姿势： 运动中，双手与杠铃中心位置等距，在运动中确保双手紧握杠铃，来保持杠铃稳定和平衡。

身体姿势： 运动中始终 保持抬头挺胸。在下蹲过程中深深吸气，起身时呼气。运动中不要向前弯曲上身以免造成背部受伤。

运动范围： 在下蹲的过程中，膝盖成90度时稍做停顿，保持大腿与地面平行。达到标准姿势后可做几次停顿，保持股四头肌的紧张感。

阻力： 与之前的颈后或颈前杠铃深蹲相比，深蹲器在运动过程中有助于保持平衡，提高运动的安全性。

轨迹： 史密斯机为运动提供了单一平面的运动轨迹，即垂直上下，这样有助于运动者在运动过程中集中进行某部位的练习。

变化动作

器械颈前深蹲

完成此版本的变化动作，需要将杠铃置于肩膀前方，双手交叉保持杠铃的稳定（如图所示）。这样更有利于股四头肌的锻炼，臀肌的参与减少。

腿部推蹬

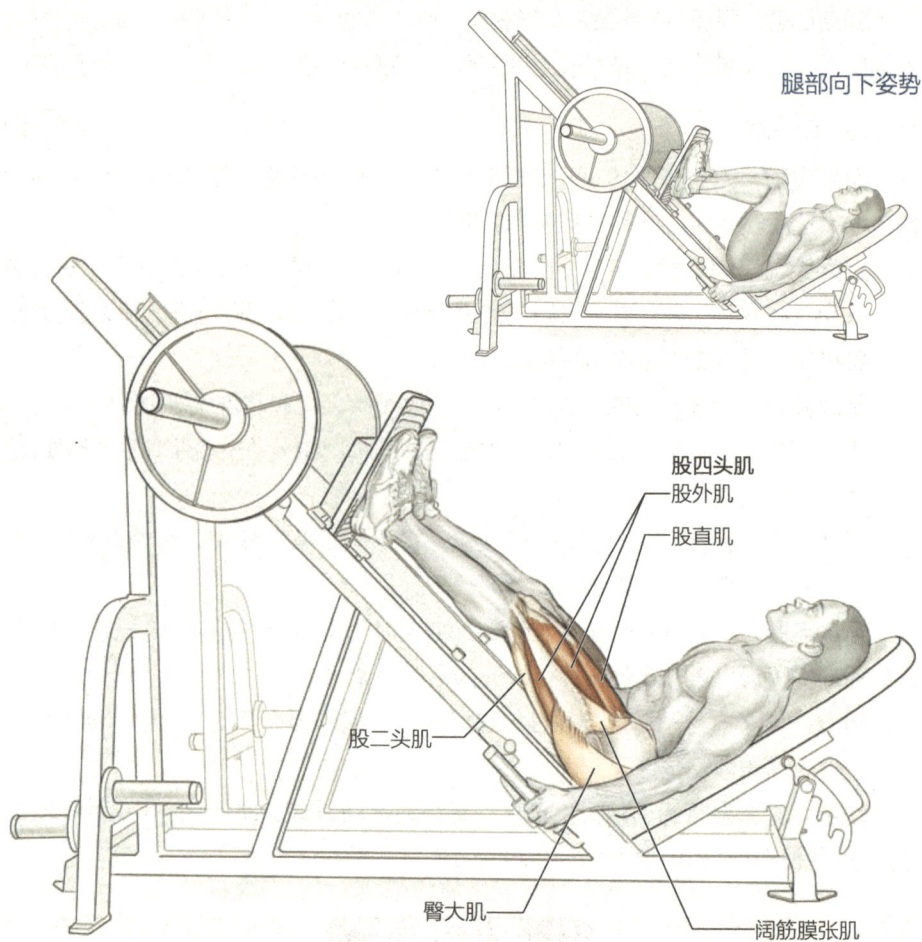

腿部向下姿势

股四头肌
股外肌
股直肌

股二头肌

臀大肌

阔筋膜张肌

训练步骤

1. 坐于腿部推蹬器上，双脚蹬在踏板上，与肩同宽（如图所示）。

2. 缓慢收腿，降低杠铃高度，直到双腿成90度。

3. 用力伸直双腿，将杠铃向上蹬起，还原到初始姿势。

涉及的肌肉

主要肌群：股四头肌（股直肌、股内肌、股外肌、股中间肌）

辅助肌群：臀大肌、腘绳肌（半腱肌、半膜肌、股二头肌）、内收肌（长收肌、大收肌、短收肌）、股薄肌、阔筋膜张肌

训练要点讲解

足部姿势：双脚置于脚踏板低处（图 a），强调股四头肌的锻炼。若双脚置于脚踏板较高的位置（图 b），运动重点将转移到臀肌以及腘绳肌上。

足间距：双脚与肩同宽有利于整个大腿肌肉的锻炼。双脚间距过宽（图 c）更多地强调股内肌、内收肌以及缝匠肌的锻炼。若双脚间距过窄（图 d），运动重点转移到股外肌以及外展肌（阔筋膜张肌）上。

轨迹：利用前脚掌将杠铃推起可以使运动者抬起脚跟，随着杠铃高度的降低，股四头肌的锻炼增强，同时减少髌骨的压力。以脚跟将杠铃推出，腘绳肌以及臀肌则会更多地参与到运动中来。

身体姿势：上身与双腿形成的角度会对运动中参与的肌肉以及下背部的压力产生影响。身体与双腿的角度成 90 度时，主要强调臀肌和腘绳肌，下背部的压力增大。若靠背与地面角度较小，也就是说身体向后方倾倒，此时下脊椎的压力较小，股四头肌更多地参与到运动中来。

运动范围：达到标准姿势后可做几次停顿，保持股四头肌的紧张感。

阻力：与颈前或颈后的杠铃深蹲相比，此练习减少了脊椎负担，降低了背部受伤的风险。另外此练习更多地强调了股四头肌的锻炼，而非臀肌。

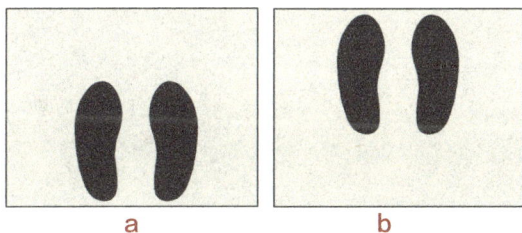

足部位置 / 姿势：(a) 踏板底部；(b) 踏板稍高的位置

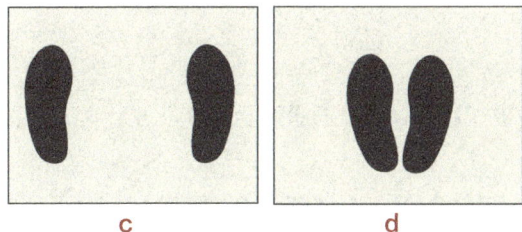

脚间距：(c) 宽；(d) 窄

变化动作

单腿推蹬

此版本的变化动作中，要求进行单次单腿练习，主要针对力量较弱的腿进行锻炼或保护受伤的腿。

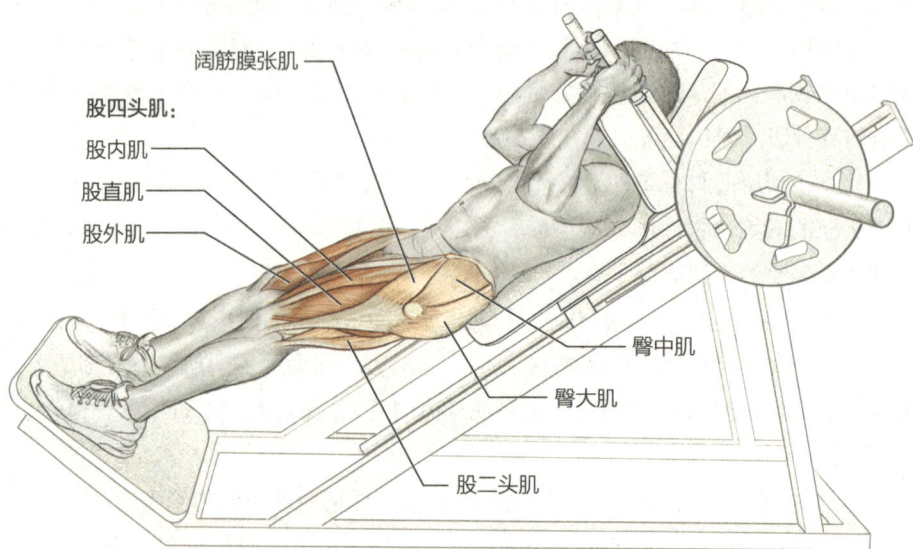

阔筋膜张肌

股四头肌：
股内肌
股直肌
股外肌

臀中肌
臀大肌
股二头肌

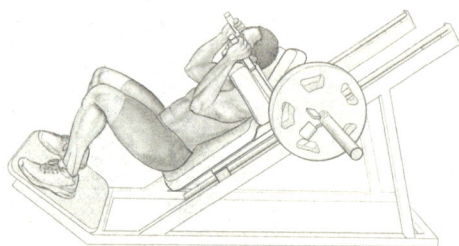

结束姿势

训练步骤

1. 身体靠在靠背上，双肩位于深蹲器挡板下方。立于踏板上，双脚与肩同宽，脚趾向前。

2. 缓慢下蹲，降低杠铃，直到膝盖成 90 度。

3. 直立起身，将杠铃向上推出，还原到初始姿势。

涉及的肌肉

主要肌群：股四头肌（股直肌、股内肌、股外肌、股中间肌）

辅助肌群：臀大肌、腘绳肌（半腱肌、半膜肌、股二头肌）、内收肌（长收肌、大收肌、短收肌）、股薄肌、阔筋膜张肌

股四头肌

训练要点讲解

足间距： 双脚与肩同宽（图 a）针对整个大腿进行锻炼。脚间距较宽（图 b）股内肌、内收肌、缝匠肌更多地参与到运动中来。双脚间距过窄（图 c）则将运动重点转移到股外肌以及外展肌（阔筋膜张肌）上。

足部姿势： 脚趾向前或稍微外张，与大腿和膝盖保持同一方向。双脚置于踏板底部主要强调股四头肌，若双脚位于踏板较高位置则更过强调臀肌和腘绳肌。

轨迹： 利用前脚掌将杠铃推起可以使运动者抬起脚跟，随着杠铃高度的降低，股四头肌的锻炼增强，同时减少髌骨的压力。

身体姿势： 抬头挺胸，脊柱靠在靠背上。

运动范围： 达到标准姿势后可做几次停顿，保持股四头肌的紧张感。

阻力： 与颈前或颈后的杠铃深蹲相比，此练习减少了脊椎负担。另外，此练习更多地强调了股四头肌的锻炼，而非臀肌。

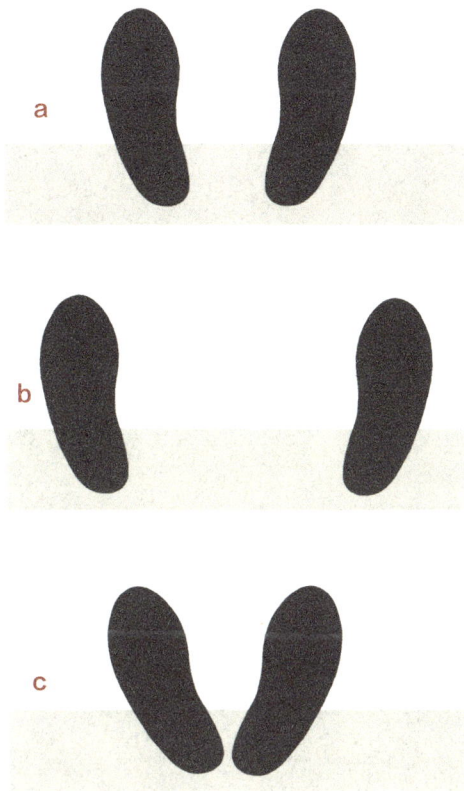

脚间距：(a) 与肩同宽；(b) 宽间距；(c) 窄间距

变化动作

哑铃深蹲

此版本的变化动作将杠铃深蹲与靠蹲相结合，通过双手各握一哑铃来实现。手握哑铃，双臂自然下垂，位于体侧。但是，在此变化动作中，哑铃的握式会根据自身所握的重量变化而变换。

反向靠蹲

进行此练习时，面向器械站立，将运动重点转移到臀肌和腘绳肌上。

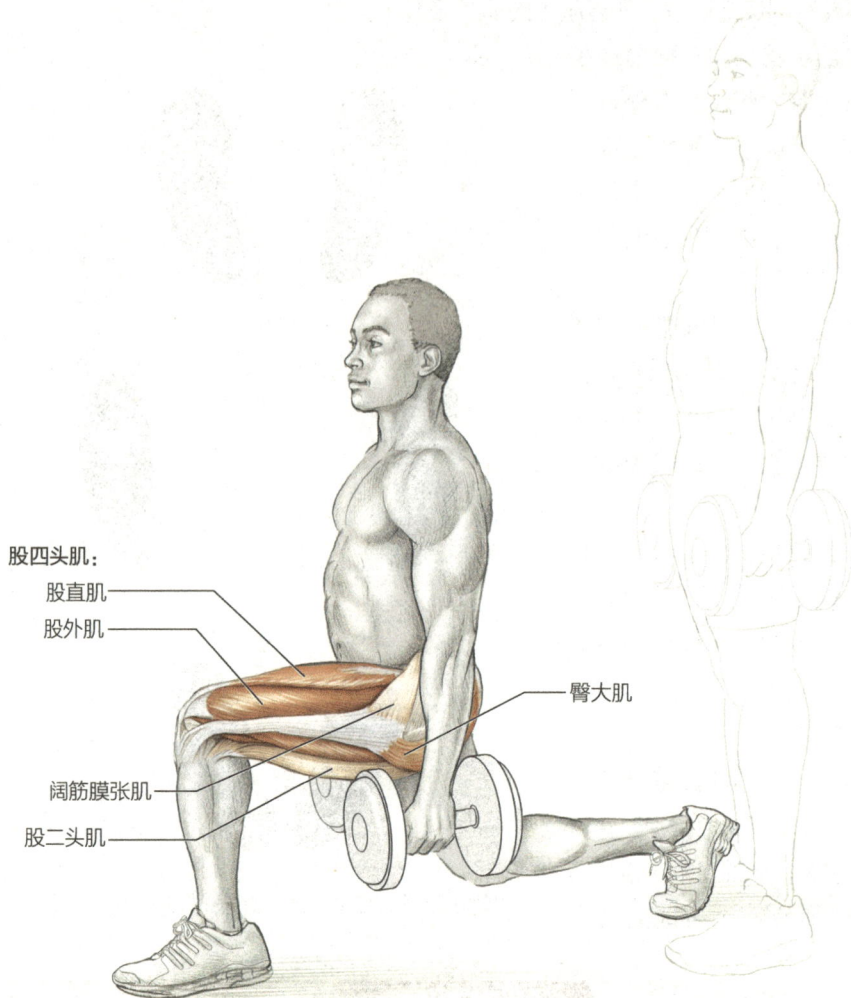

股四头肌:
股直肌
股外肌
阔筋膜张肌
股二头肌
臀大肌

训练步骤

1. 双腿分开,与肩同宽直立,双手各握一哑铃(中立握),双臂自然下垂于体侧。

2. 一只脚向前迈步,弯曲膝盖,大腿与地面平行。

3. 还原到初始姿势。另一只脚迈步,重复之前的动作。

涉及的肌肉

主要肌群： 股四头肌（股直肌、股内肌、股外肌、股中间肌）、臀大肌

辅助肌群： 腘绳肌（半腱肌、半膜肌、股二头肌）、内收肌（长收肌、大收肌、短收肌）、股薄肌、阔筋膜张肌

训练要点讲解

足间距： 双脚与肩同宽站立，有助于保持身体平衡。

足部姿势： 向前迈步时，脚尖指向前方或微微外张。迈步后，保持后脚位置不动。

轨迹： 箭步时，跨步距离稍短，主要针对股四头肌进行锻炼。若跨步距离较远，则主要强调臀肌及腘绳肌的练习。

身体姿势： 随着箭步向前，将身体重心放在前腿上。与此同时抬头挺胸，保持上身直立。

运动范围： 在运动过程中，应该保持膝盖弯曲成90度，大腿尽量与地面平行。

阻力： 箭步蹲要求哑铃的重量轻于其他腿部练习。若使用的哑铃过重，则会对髌骨产生损伤，带来疼痛。

变化动作

杠铃箭步蹲

此练习中，将杠铃取代哑铃。杠铃置于肩部后方（如图所示）。与哑铃箭步蹲相比，此练习更难保持平衡。

箭步走

与之前的练习不同，此练习不需要还原到初始姿势，在完成箭步蹲后换另外一条腿继续进行重复练习。

史密斯机箭步

使用史密斯机进行箭步蹲练习有助于保持稳定和平衡。

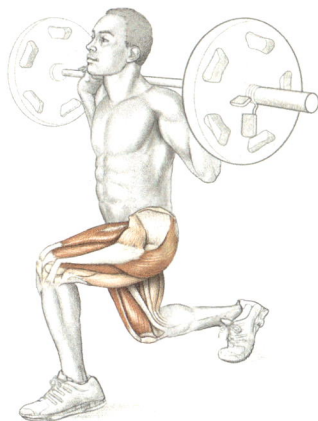

股四头肌

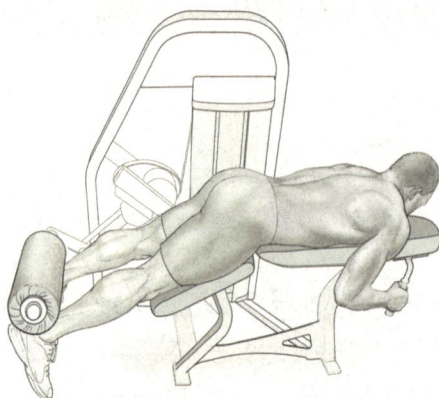

初始姿势

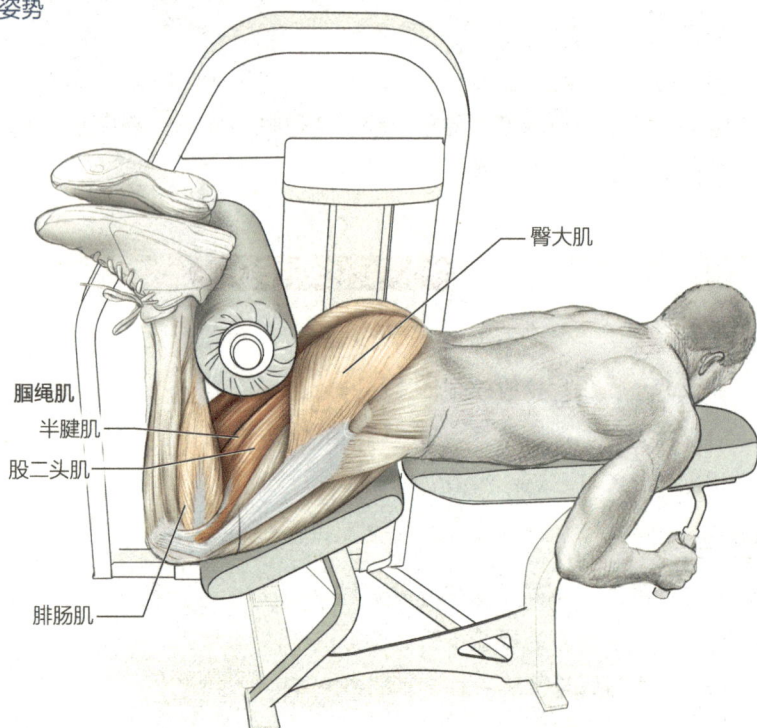

臀大肌

腘绳肌
半腱肌
股二头肌

腓肠肌

训练步骤

1.俯卧于器械上，双脚脚跟钩住滚筒底垫。

2.通过弯曲膝盖将配重片抬起，脚跟向上朝向臀部方向。

3.伸直双腿，降低配重片高度，还原到初始姿势。

涉及的肌肉

主要肌群： 腘绳肌（半腱肌、半膜肌、股二头肌）

辅助肌群： 臀大肌、腓肠肌

训练要点讲解

足部姿势： 脚尖向前（a）针对三块腘绳肌进行锻炼。脚尖内收（b）主要强调内侧腘绳肌（半腱肌，半膜肌）。脚尖外翻（c）主要针对外侧腘绳肌（股二头肌）进行锻炼。运动时，保持脚踝弯曲成90度（背屈）能够减少小腿肌肉的收缩，因此能够更好地单独针对腘绳肌进行锻炼。双脚跖屈可以使小腿肌肉更多地参与到运动中来。

足间距： 双脚分开与胯同宽是此练习的标准姿势。脚间距过宽则针对内侧腘绳肌（半腱肌，半膜肌）进行锻炼。若脚间距过窄，则更多地针对外侧腘绳肌（股二头肌）。滚筒底垫的尺寸对足间距有一定的限制。

身体姿势： 大部分器械的挡板都是在臀部位置产生一定的角度，使得健身者上半身向前微倾。这样的身体姿势可以使坐骨产生一定的倾斜同时可以拉伸腘绳肌，因此能更有效地单独进行某部分肌肉的锻炼。运动时，保持脊柱伸直，不要抬起胸部。

运动范围： 在腿部向上的过程中，尽可能弯曲膝盖。在完全伸直膝盖之前可以做几次停顿以保持腘绳肌的紧张感，同时减少膝关节的压力。

阻力： 此练习中阻力基本一致，但是许多新型器械在运动中的阻力有所变化，会在初始姿势时阻力较小，使得腘绳肌完全拉伸时容易受伤。

足部姿势：(a) 脚尖向前；(b) 脚尖向内；(c) 脚尖向外

变化动作

坐式屈腿

坐式屈腿器械的垂直靠背能够使髋关节与上半身及大腿产生90度角。虽然这样的身体姿势能够产生更大程度的肌肉拉伸，但是却能有效地防止臀部肌肉拉伸，从而避免腘绳肌的过度紧张感。

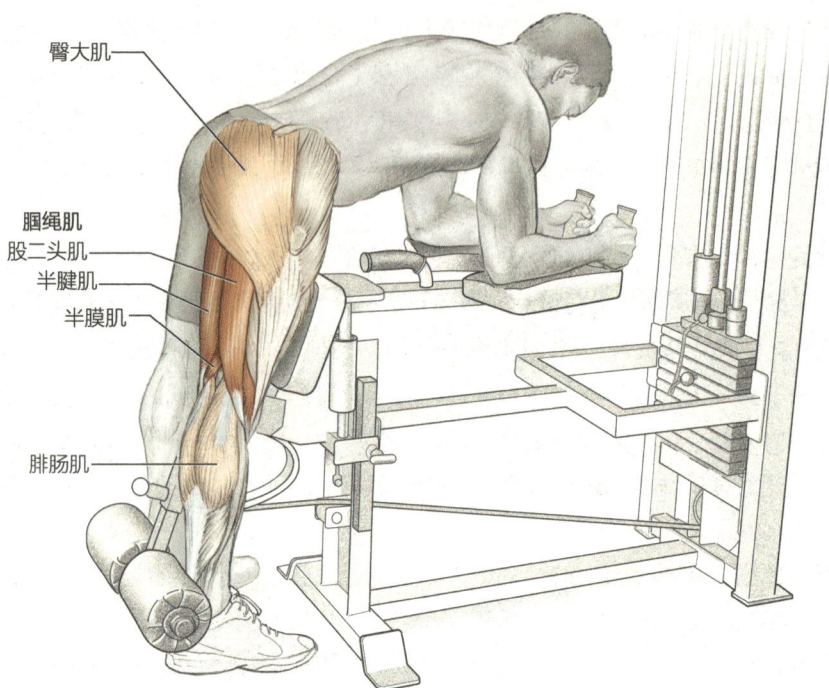

股四头肌

臀大肌

腘绳肌
股二头肌
半腱肌
半膜肌

腓肠肌

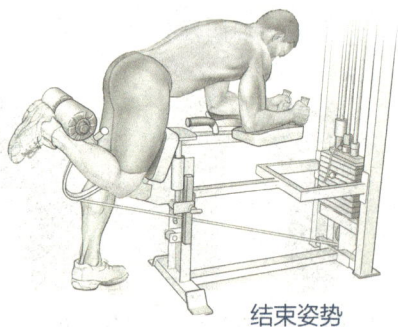

结束姿势

训练步骤

1. 面对器械站立，一只脚脚跟钩住滚筒底垫，另一条腿支撑身体。

2. 通过弯曲膝盖抬起配重片，向臀部方向抬起脚跟。

3. 缓慢放下弯曲腿，还原到初始姿势。

涉及的肌肉

主要肌群： 腘绳肌（半腱肌、半膜肌、股二头肌）

辅助肌群： 臀大肌、腓肠肌

训练要点讲解

足部姿势： 脚尖向前（a）针对三块腘绳肌进行锻炼。脚尖内收（b）主要强调内侧腘绳肌（半腱肌，半膜肌）。脚尖外翻（c）主要针对外侧腘绳肌（股二头肌）进行锻炼。运动时，保持脚踝弯曲成 90 度（背屈）能够减少小腿肌肉的参与，因此能够更好地单独针对腘绳肌进行锻炼。

身体姿势： 大部分器械的挡板都是在臀部位置产生一定的角度，使得健身者上半身向前微倾。这样的身体姿势可以使坐骨产生一定的倾斜，同时可以拉伸腘绳肌，因此能更有效地单独进行某部分肌肉的锻炼。根据不同的器械设计，主力腿（支撑腿）的姿势可以选择直立或跪姿（详见变化动作）。

运动范围： 在腿部向上的过程中，尽可能弯曲膝盖。在完全伸直膝盖之前可以做几次停顿以保持腘绳肌的紧张感，同时减少膝关节的压力。

阻力： 与俯卧式后屈腿相比，立式后屈腿是通过单次单腿来完成的，这样有助于集中进行某部位的肌肉锻炼。此练习中阻力基本一致，但是许多新型器械在运动中的阻力有所变化，会在初始姿势时阻力较小，但腘绳肌完全拉伸时却容易受伤。

足部姿势：(a) 脚尖向前；(b) 脚尖向内；(c) 脚尖向外

变化动作

跪姿后屈腿

此版本的变化动作中，需要单腿跪于器械挡板上，同时用肘关节来支撑身体。由于上半身向前弯曲，腘绳肌受到拉伸——相较于之前的立式后屈腿来说，此版本的练习更有优势。

股四头肌

杠铃直腿硬拉

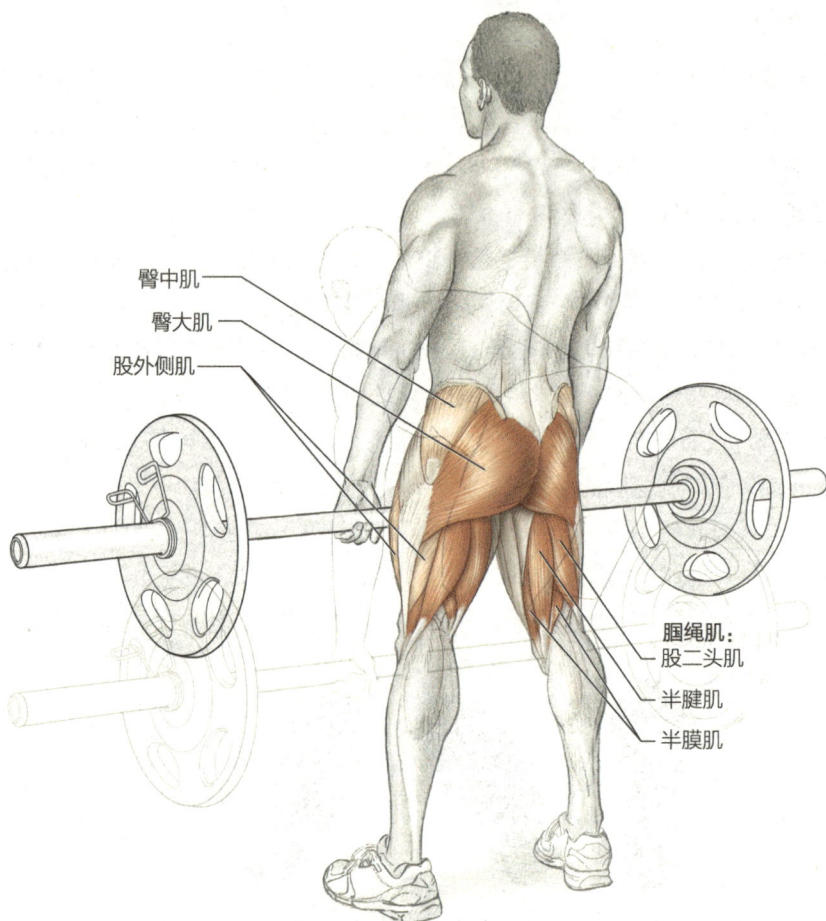

臀中肌

臀大肌

股外侧肌

腘绳肌：
股二头肌

半腱肌

半膜肌

训练步骤

1. 脚尖向前直立，与髋关节保持在同一水平线，手握杠铃（正握式），双臂自然下垂。

2. 腰部以上向前屈体，降低杠铃高度，同时保持双腿伸直。

3. 在配重片接近地面前稍作停顿，之后还原到初始姿势。

涉及的肌肉

主要肌群： 腘绳肌（半腱肌、半膜肌、股二头肌）、臀大肌

辅助肌群： 竖脊肌（骶棘肌）、股四头肌（股直肌、股外肌、股内肌、股中间肌）

训练要点讲解

足间距： 双脚脚尖向前，与髋关节保持在同一水平线，比肩稍宽，以便更好地刺激腘绳肌内侧。

足部姿势： 双脚脚尖向前或微微向外，与髋关节保持在同一水平线。

握式： 双手与肩同宽，这样才能保证手臂与地面垂直，同时保证双手在大腿外侧。采用正握式，但是一只手掌心向上，另一只手掌心向下，防止杠铃滑脱。

轨迹： 杠铃尽量贴近身体，直上直下。

身体姿势： 运动时，膝盖可以轻微弯曲，但是为了更好地刺激腘绳肌，尽量保持双腿伸直。整个运动过程中，要注意保持脊柱前挺。完成此练习，需要双脚前脚掌着力，配重片为半英寸，也就是1.3厘米的厚度，才能保证腘绳肌不会过分拉伸。

运动范围： 降低杠铃高度，直到腘绳肌得到完全拉伸，但是注意脊柱压力不要过大。进行此练习时没有必要站在长椅或挡板上，以此来扩大运动范围。盆骨完全向前倾斜，腘绳肌得到充分拉伸。运动时弯曲下脊椎对腘绳肌拉伸或增加向下的运动范围并没有影响，却会使受伤的概率加大。根据自身的身体柔韧度，可以调节杠铃向下的高度，如膝盖以下或脚踝以上。

阻力： 此练习的杠铃配重片应该选择较轻的，与标准屈腿硬拉的杠铃一样，用以增加下背部的力量（参见第3章）。

变化动作

器械直腿硬拉

此版本的变化动作使用史密斯器械，与第三章介绍的器械硬拉相同。

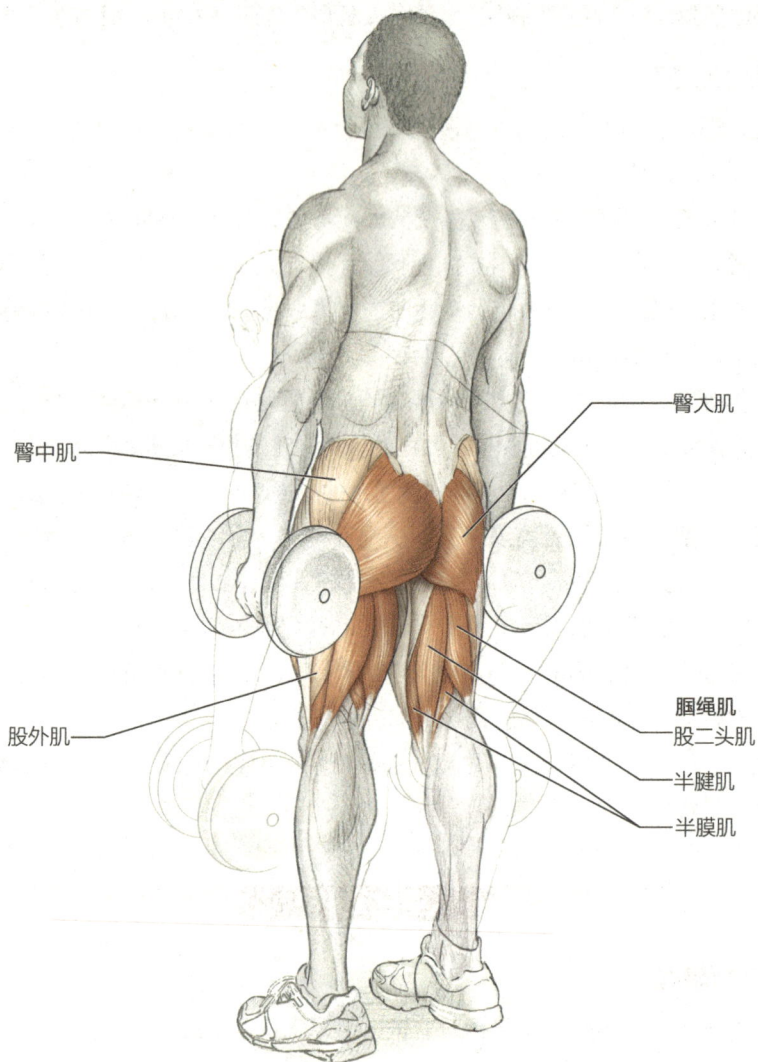

臀中肌

臀大肌

股外肌

腘绳肌
股二头肌

半腱肌

半膜肌

训练步骤

1. 脚尖向前直立，与髋关节保持在同一水平线，手握哑铃，双臂自然下垂。

2. 腰部以上向前屈体，降低哑铃高度，同时保持双腿伸直。

3. 在配重片接近地面前稍作停顿，之后还原到初始姿势。

涉及的肌肉

主要肌群： 腘绳肌（半腱肌、半膜肌、股二头肌）、臀大肌

辅助肌群： 竖脊肌（骶棘肌）、股四头肌（股直肌、股外肌、股内肌、股中间肌）

训练要点讲解

足间距： 双脚脚尖向前，与髋关节保持在同一水平线，比肩稍宽，以更好地刺激腘绳肌内侧。

足部姿势： 双脚脚尖向前，或微微外张。

握式： 双手与肩同宽，这样才能保证手臂与地面垂直，同时保证配重片不会碰撞大腿。双手在大腿两侧直上直下。

轨迹： 杠铃尽量贴近身体，直上直下。

身体姿势： 运动时，膝盖可以轻微弯曲，但是为了更好地刺激腘绳肌，尽量保持双腿伸直。整个运动过程中，要注意保持背部挺直。

运动范围： 降低杠铃高度，直到腘绳肌得到完全拉伸，但是注意脊柱压力不要过大。另外，根据自身的身体柔韧度，可以调节哑铃向下的高度，如膝盖以下或脚踝以上。

阻力： 此练习的哑铃配重片应该选择较轻的，与标准屈腿硬拉的哑铃一样，用以增加下背部的力量（参见第 3 章）。

股四头肌

立式提踵

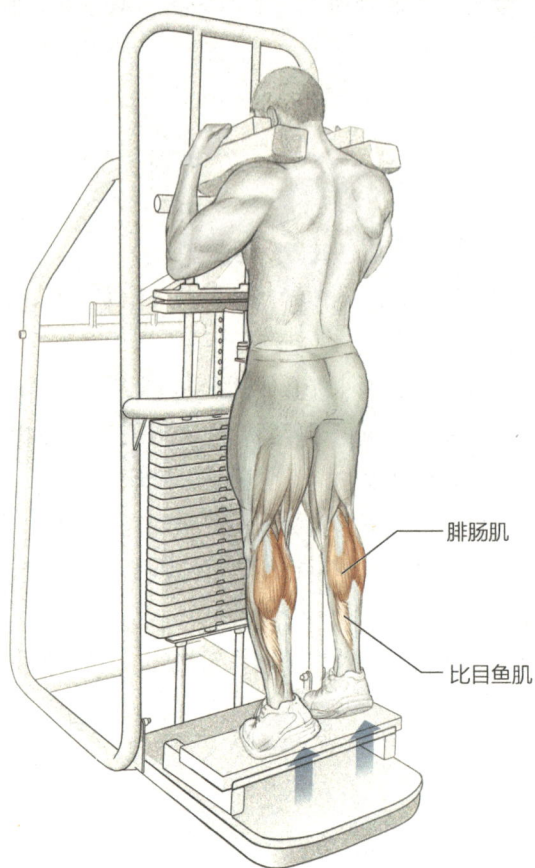

腓肠肌

比目鱼肌

训练步骤

1. 面对提踵机站立，脚趾踩在底板上，双肩位于挡板下方。脚跟从底板下垂，越低越好，尽量充分拉伸。

2. 尽可能高地提起后脚跟，将全身重量分布在两个大脚趾上，同时保持双腿挺直.

3. 稍稍停顿，放下脚跟，慢慢恢复到起始姿势。

涉及的肌肉

主要肌群： 腓肠肌

辅助肌群： 比目鱼肌

训练要点讲解

足部姿势： 脚尖向前（a）针对整块腓肠肌进行锻炼。脚尖外张（b）主要强调腓肠肌内侧。脚尖向内（c）主要针对外侧腓肠肌进行锻炼。

足间距： 双脚分开与胯同宽刺激整个腓肠肌。脚间距稍宽（d）则针对内侧腓肠肌进行锻炼。若脚间距稍窄（e），则更多地刺激外侧腓肠肌。

身体姿势： 运动时，保持膝盖和后背挺直。膝关节闭合有助于腓肠肌得到充分拉伸，同时减少比目鱼肌的参与。如果膝盖弯曲，比目鱼肌则会更多地参与到运动中来。

运动范围： 为了最大限度地扩大运动范围，在每个动作中，脚后跟要降得尽可能低，提得尽可能高，在降低脚跟和提起脚跟时都要停顿片刻，动作要慢慢做。

足部姿势：(a) 脚尖向前；(b) 脚尖外张；(c) 脚尖向内

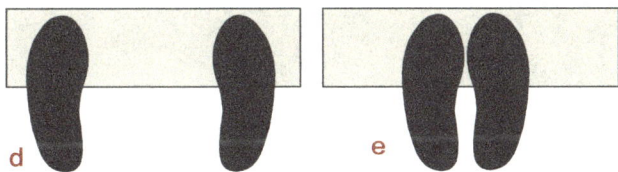

脚间距：(a) 宽间距；(b) 窄间距

变化动作

史密斯器械提踵

此版本的变化动作采用史密斯器械，站立在一块木块上来完成，木块厚度约为 3 英寸（7.5 厘米）。

哑铃单腿提踵

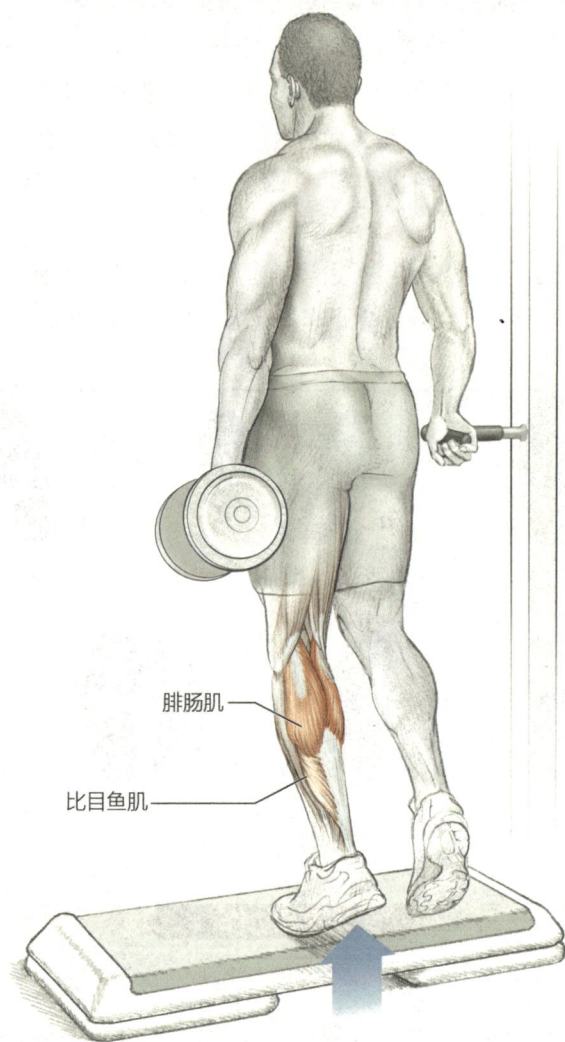

腓肠肌

比目鱼肌

训练步骤

1. 单手手握哑铃，同侧脚趾踩于 3 英寸（7.5 厘米）厚的底板上。尽可能让后脚跟从底板垂下，越低越好。另一侧手握扶手把保持身体平衡。

2. 抬举配重片，尽量抬起脚跟，同时保持该腿挺直。

3. 缓慢放下脚跟，还原到初始姿势。本版本的提踵练习通过单次单腿完成，一侧腿重复完成一定次数，换另一侧腿进行。

涉及的肌肉

主要肌群： 腓肠肌

辅助肌群： 比目鱼肌

训练要点讲解

足部姿势： 脚尖向前针对整块腓肠肌进行锻炼。脚尖向内或外张主要强调内侧或外侧腓肠肌的刺激。

身体姿势： 运动时，保持膝盖和后背挺直有助于腓肠肌得到单独锻炼和拉伸。如果膝盖弯曲，比目鱼肌则会更多地参与到运动中来。

运动范围： 为了最大限度地扩大运动范围，在每个动作中，脚后跟要降得尽可能低，提得尽可能高，在降低脚跟和提起脚跟时都要停顿片刻，动作要慢慢做。所有的动作都通过弯曲脚踝来完成，而非膝关节。

轨迹： 脚下的底板应该有一定的厚度才能达到完整的运动范围和效果，同时保证脚跟下垂时不会接触地面。

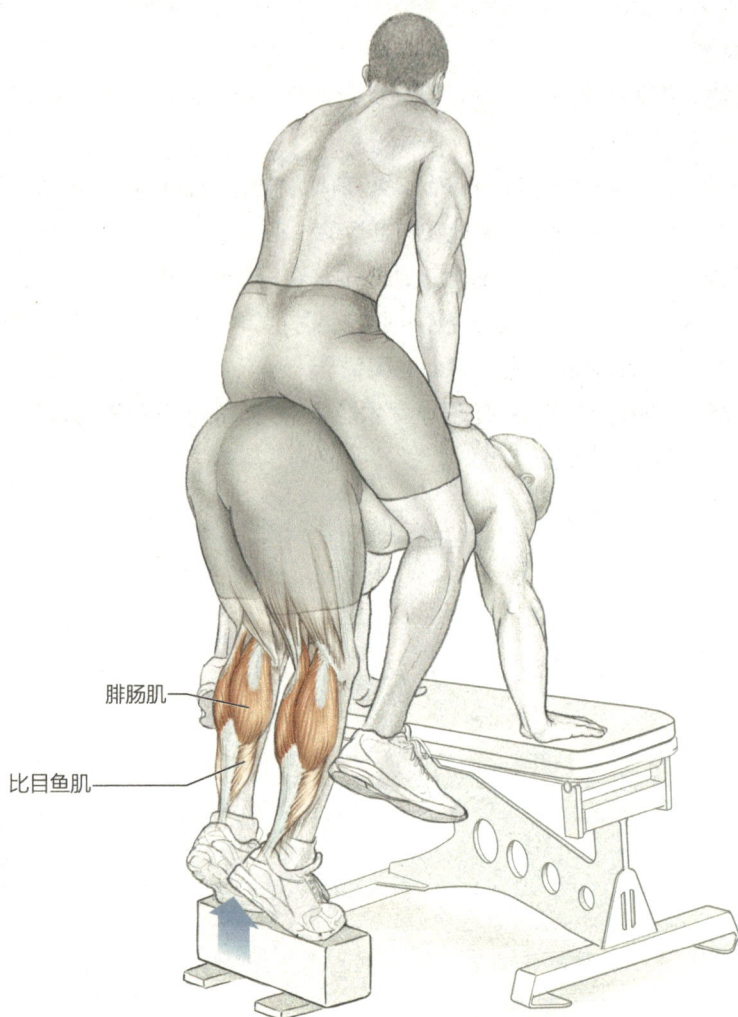

腓肠肌

比目鱼肌

训练步骤

1. 双脚脚趾踩在一厚度为 3 英寸（7.5 厘米）的底板上。身体前屈，双手置于长椅上支撑身体（如图所示）。尽量低地下垂脚跟。

2. 在保持双腿挺直的前提下，尽量高地抬起脚跟。

3. 缓慢下垂脚跟，还原到初始姿势。

涉及的肌肉

主要肌群： 腓肠肌

辅助肌群： 比目鱼肌

训练要点讲解

足部姿势： 脚尖向前（a）针对整块腓肠肌进行锻炼。脚尖外张（b）主要强调腓肠肌内侧。脚尖向内（c）主要针对外侧腓肠肌进行锻炼。

足间距： 双脚分开与胯同宽刺激整个腓肠肌。脚间距稍宽则针对内侧腓肠肌进行锻炼。若脚间距稍窄，则更多地刺激外侧腓肠肌。

身体姿势： 运动时，保持膝盖和脊柱挺直，身体与地面平行。膝关节闭合有助于腓肠肌得到充分拉伸，同时减少比目鱼肌的参与。如果膝盖弯曲，比目鱼肌则会更多地参与到运动中来。

运动范围： 为了最大限度地扩大运动范围，在每个动作中，脚后跟要下垂得尽可能低，提得尽可能高，在下垂脚跟和提起脚跟时都要停顿片刻，动作要慢慢做。

轨迹： 脚下的底板应该有一定的厚度才能达到完整的运动范围和效果，脚跟下垂时不可接触地面。

阻力： 如图所示，与伙伴一起练习，对方跨坐在身上可以增加自身重量，从而增加运动阻力。

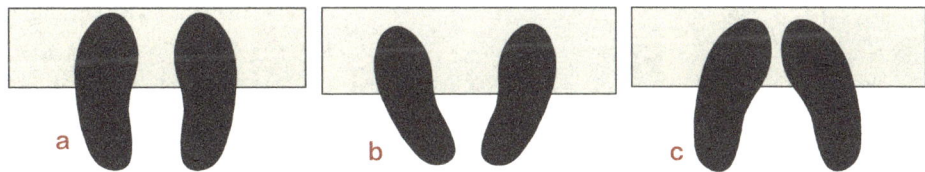

足部姿势：(a) 脚尖向前；(b) 脚尖向外；(c) 脚尖向内

变化动作

器械骑人提踵

此版本的变化动作采用史密斯器械完成，在下垂脚跟的过程中将重量通过下背部的挡板来传递。

股四头肌

器械提踵

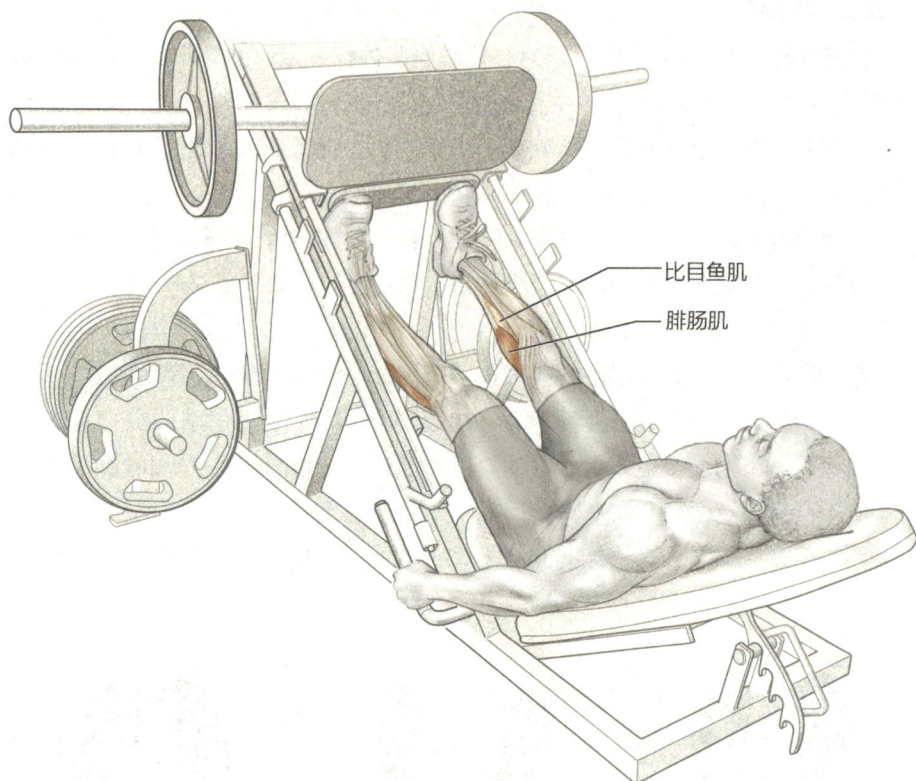

比目鱼肌

腓肠肌

训练步骤

1. 坐立于腿部推蹬器上。将双脚前脚掌置于脚踏板边缘，尽可能降低配重片高度，同时保持膝盖挺直。

2. 收缩小腿肌肉，将配重片推起。

3. 缓慢降低配重片高度，还原到初始姿势。

涉及的肌肉

主要肌群：腓肠肌

辅助肌群：比目鱼肌

训练要点讲解

足部姿势： 脚尖向前（a）针对整块腓肠肌进行锻炼。脚尖外张（b）主要强调腓肠肌内侧。脚尖向内（c）主要针对外侧腓肠肌进行锻炼。

足间距： 双脚分开与胯同宽刺激整个腓肠肌。脚间距稍宽则针对内侧腓肠肌进行锻炼。若脚间距稍窄，则更多地刺激外侧腓肠肌。

身体姿势： 从生物力学的角度讲，此练习应该叫作坐式直腿提踵。因此在运动中保持膝盖挺直，这样才能使动作发生在踝关节，同时能够更好地单独刺激腓肠肌。若膝盖稍微弯曲，则比目鱼肌更多地参与到运动中来。

运动范围： 为了最大限度地扩大运动范围，在每个动作中，脚后跟要下垂得尽可能低，提得尽可能高，在下垂脚跟和提起脚跟时都要停顿片刻。

阻力： 在腿部推蹬器上，阻力通过脚垫来传递。由于膝盖保持挺直，双腿与身体成 90 度，因此此练习类似于骑人提踵练习（之前有介绍）。

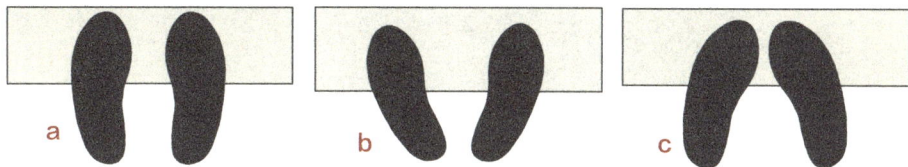

足部姿势：(a) 脚尖向前；(b) 脚尖向外；(c) 脚尖向内

变化动作

腿部撬板机

腿部撬板机通常采用固定的脚踏板，阻力通过一个可移动的身体撬板（sled）传递。仰卧于撬板上，双肩抵住挡板，双腿位于平台上。双脚前脚掌和脚趾位于脚踏板上，双腿伸直。下垂脚跟，使小腿拉伸，然后通过上抬脚跟抬起配重片。

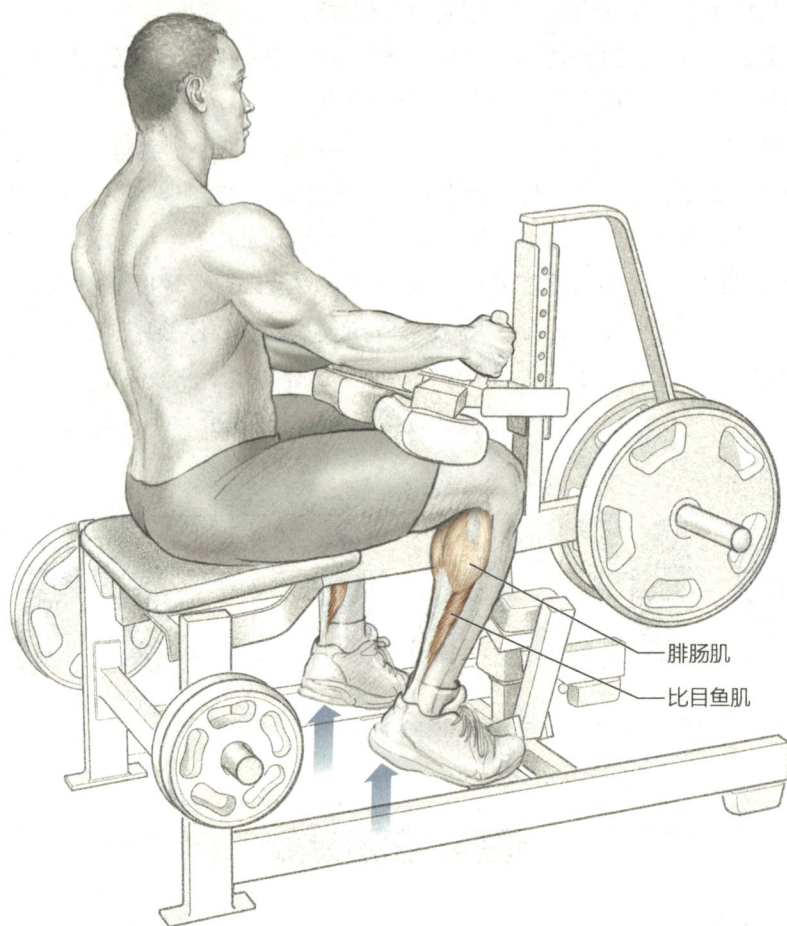

腓肠肌
比目鱼肌

训练步骤

　　1.双脚前脚掌置于坐式小腿提踵机的踏板上，将挡板置于大腿下半部分，接近膝盖上方，尽量下垂脚跟。

　　2.通过尽量上抬脚跟抬起配重片。

　　3.缓慢下垂脚跟，还原到初始姿势。

涉及的肌肉

　　主要肌群：比目鱼肌

　　辅助肌群：腓肠肌

训练要点讲解

足部姿势： 脚尖向前（a）针对整块腓肠肌进行锻炼。脚尖外张（b）主要强调腓肠肌内侧。脚尖向内（c）主要针对外侧腓肠肌进行锻炼。

足间距： 双脚分开与胯同宽，刺激整个小腿肌肉。脚间距稍宽则针对内侧肌肉进行锻炼。若脚间距稍窄，则更多地刺激外侧肌肉。

身体姿势： 将挡板置于膝盖上方位置，不要置于大腿的位置。在坐式练习中，身体姿势应该为膝盖弯曲，强调双腿比目鱼肌和腓肠肌的练习。

运动范围： 为了最大限度扩大运动范围，在每个动作中，脚后跟要下垂得尽可能低，提得尽可能高，在下垂脚跟和提起脚跟时都要停顿片刻。

足部姿势：(a) 脚尖向前；(b) 脚尖向外；(c) 脚尖向内

变化动作

杠铃坐式提踵

此版本的变化动作中，坐立于长椅上，脚尖位于木块上，同时将一个杠铃置于大腿的下半部分。

第 6 章

腹部

如 图 6.1 所示，腹壁可分为两部分，功能各不相同。前壁由一整块肌肉构成：腹直肌（也叫腹肌）。腹肌肌肉自肋骨和胸骨下缘起垂直向下生长，连接耻骨。两侧的腹直肌（左右各一）包裹在筋膜下，向下构成腹肌的中部肌肉，也就是通常我们所说的白线。肌肉中的筋膜部分主要负责划分 6 块肌。腹直肌可以产生人体躯干的弯曲，可以使得上半身向腿部弯曲。此动作主要由上腹肌拉动胸腔向下完成，或通过下腹肌将盆骨向上提向胸腔位置。

　　侧壁主要由三层肌肉构成。腹外斜肌位于腹前外侧浅层，是可以看到的，由胸腔沿外侧向下连接到髋骨。腹内斜肌处于中间层，与外斜肌相反，内斜肌沿内侧由髋骨向上连接肋骨。内斜肌位于外斜肌下方，两部分肌肉生长过程中相互产生一定的角度。腹横肌处于腹肌最深处，水平穿过腹壁。单侧斜肌收缩可以使身体向一侧弯曲。两侧斜肌同时收缩可以协助直肌弯曲身体，无论身体负重程度如何，这两侧肌肉都会对腹壁起到加固作用，将重物提起。注意，只有腹外斜肌是肉眼可见的。

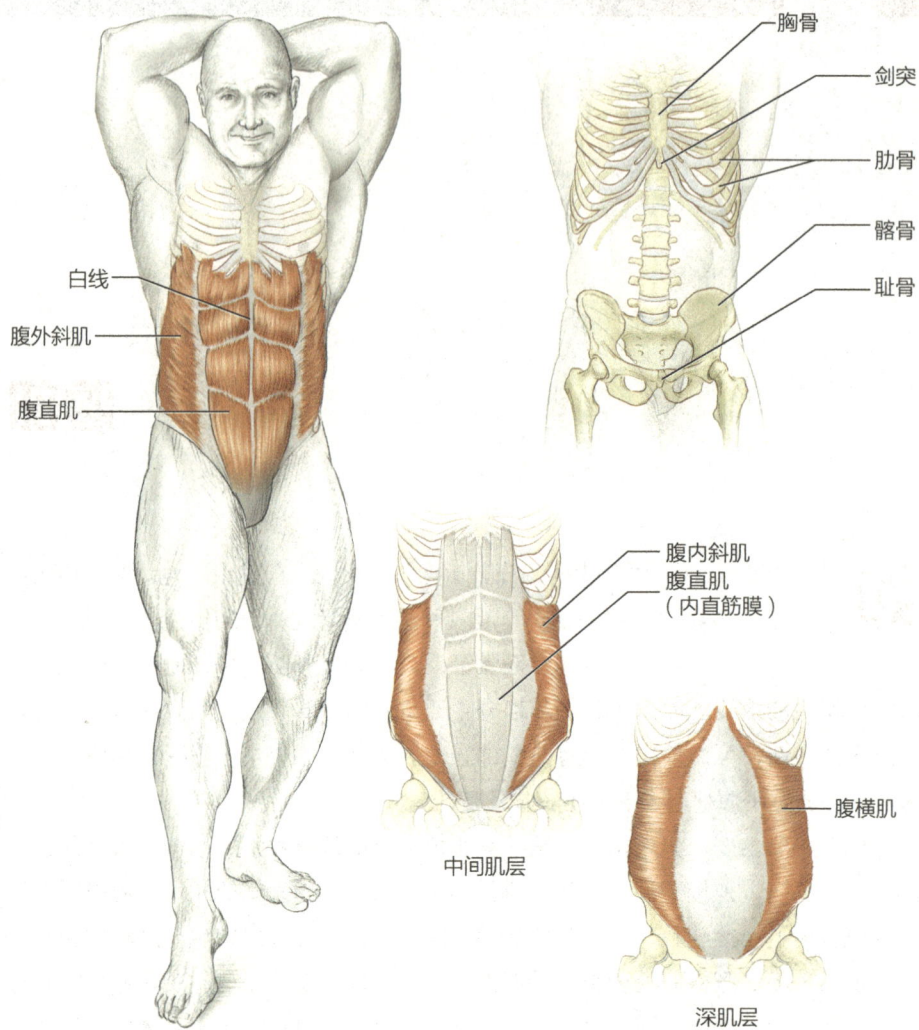

胸骨

剑突

肋骨

髂骨

耻骨

白线

腹外斜肌

腹直肌

腹内斜肌
腹直肌
（内直筋膜）

腹横肌

中间肌层

深肌层

图 6.1 腹部展示图

前锯肌是胸部侧壁的一部分。此部分肌肉由肩胛骨后方开始向前到达胸壁,连接着上 8 根肋骨。前锯肌的锯齿边缘在胸大肌的外侧边缘下方突显出来,在外斜肌显为指状凸出物。前锯肌用以向前拉或伸展肩胛骨,将肩胛骨稳定地固定在胸壁上。除此之外,前锯肌的最核心功能是无论何时胸大肌以及背阔肌收缩,它都提供相应的辅助功能。在进行斜肌的练习中,也可以针对前锯肌进行锻炼。更多具体练习,请参见第 2 章。

有效的腹部健身项目应该涵盖所有的腹部部位。例如上腹部,可以选择卷腹或仰卧起坐。进行下腹部锻炼时,可以选择举腿、收膝或反向卷腹练习(仰卧屈膝收腹)。为了达到最佳效果,应该进行完整的练习,通过转体练习、斜肌卷腹或侧弯来完成。

上腹部

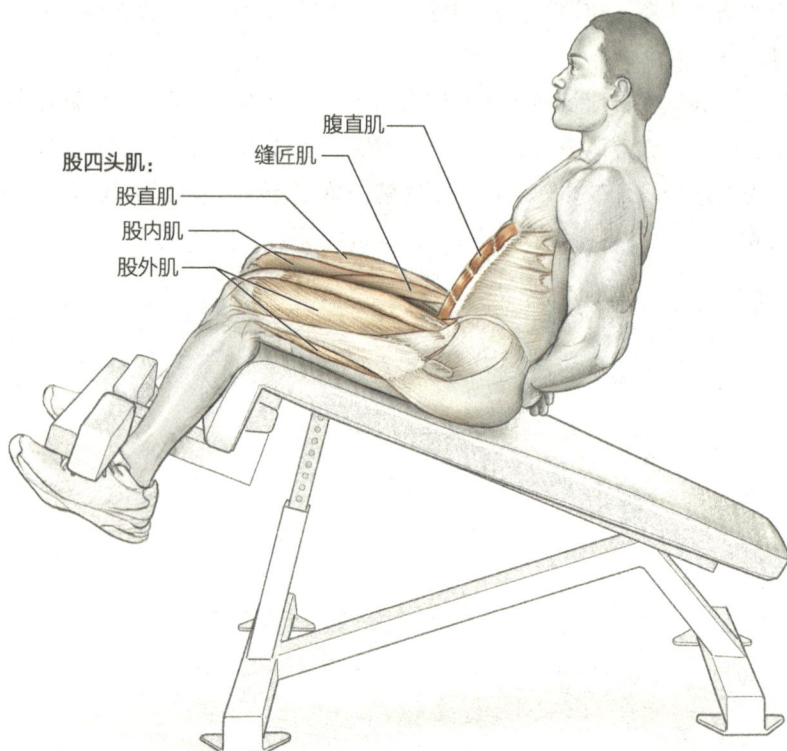

股四头肌：
股直肌
股内肌
股外肌
缝匠肌
腹直肌

训练步骤

1. 双脚钩于斜椅的挡板下方，坐于斜椅上，上身直立。
2. 上半身向后，几乎与地面平行。
3. 身体前倾，上身还原到直立初始姿势。

涉及的肌肉

主要肌群：腹直肌

辅助肌群：股四头肌（股直肌、股外肌、股内肌、股中间肌）、臀屈肌（缝匠肌、髂腰肌）

训练要点讲解

手部姿势：双手可以在后背部相握，也可以于胸前交叉或双手十指交叉抱于脑后。随着双手由身后到胸前再到脑后，运动阻力相对逐渐增加。

足部姿势：确保双脚在滚筒底垫下方，或处于相对可以支撑身体的位置。

身体姿势：弯曲膝盖，减少下背部的压力。

运动范围：坐立时上身应该与斜椅保持垂直，腹部尽量贴向大腿。身体向后时，要保证几乎与地面平行，也就是到达斜椅四分之一的距离时停止。身体不要过分向后，因为腹部压力相对减少时，后背部压力会增大。

轨迹：斜椅角度通常与地面成 30 度至 45 度角。斜椅倾斜角度越大，运动难度越大。

阻力：运动时，可以通过增大斜椅倾斜角度或于胸前增加配重片来增大运动阻力。

变化动作

地面仰卧起坐

此版本的变化动作中，坐于地面，双膝弯曲，双脚紧贴地面。

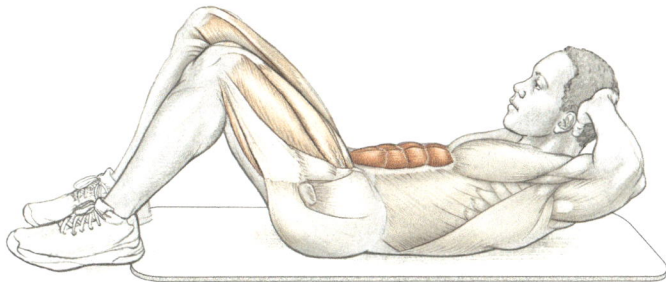

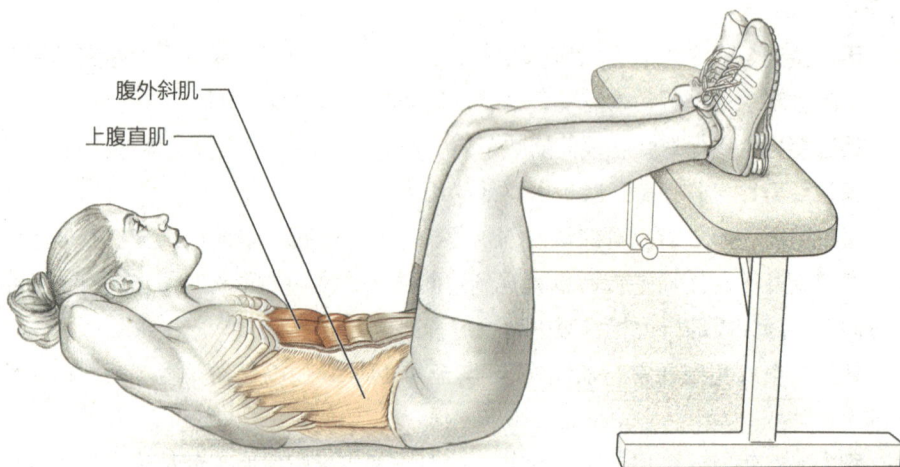

腹外斜肌 ——
上腹直肌 ——

训练步骤

　　1.仰卧于地面，臀部成90度，双手抱于脑后。

　　2.双肩抬离地面，胸部向前卷，保持下背部紧贴地面。

　　3.放松肩部，还原到初始姿势。

涉及的肌肉

　　主要肌群: 上腹直肌

　　辅助肌群: 腹外斜肌、腹内斜肌

训练要点讲解

手部姿势： 双手可以交叉于胸前或置于体侧，也可以交叉于脑后。随着双手由体侧到胸前再到脑后，运动阻力相对逐渐增加。

足部姿势： 双脚可以置于地面，尽量贴紧臀部位置，或放在长椅上。双脚放在长椅上进行卷腹练习增加了运动阻力。

身体姿势： 大腿应该与上身成 90 度角。运动者可以将双腿（小腿）放于长椅上，或将双脚放在地面，紧贴臀部位置。

运动范围： 卷腹练习仅限于上脊柱参与运动，肩部抬离地面几英寸的距离。下背部保持不动，臀部不能发生位移。卷腹与仰卧起坐相反，仰卧起坐的运动主要发生在腰部和臀部。

阻力： 运动时可以通过将双手抱于脑后或双脚置于长椅上来增加运动难度和阻力。

跪膝拉力器收缩卷腹

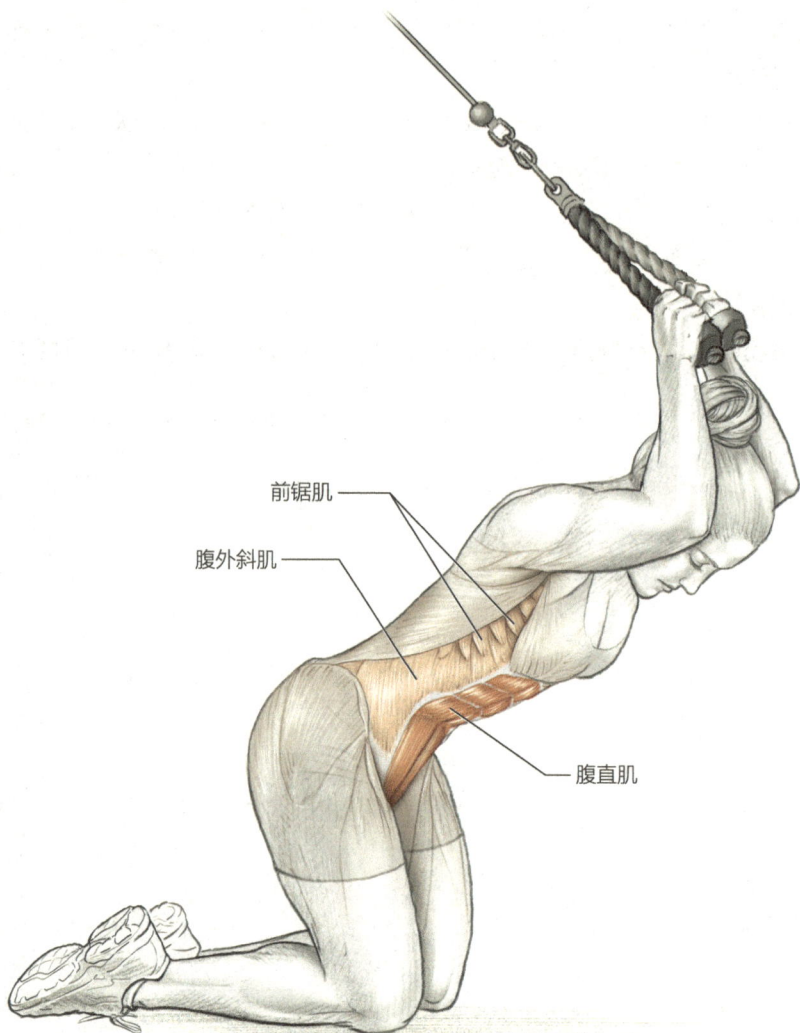

前锯肌

腹外斜肌

腹直肌

结束动作

训练步骤

1. 双膝跪于拉力器下方，面向或背对配重片。双手于脑后握绳。

2. 通过弯曲腰部，使身体前屈将重力片下拉。

3. 还原到初始姿势。

涉及的肌肉

主要肌群： 腹直肌

辅助肌群： 腹外斜肌、腹内斜肌、前锯肌

训练要点讲解

手部姿势： 双手可以于头上方或任意方位握绳，或于上胸部前方握绳。手部位置越高，运动难度越大。

身体姿势： 运动者可以根据个人喜好面向任一方，即面对背对配重片跪立。

运动范围： 上半身应该由直立姿势变为几乎与地面平行的姿势。

轨迹： 如果运动者在此练习中的运动距离较短，那么在卷腹时增大运动范围则会收益更多。

阻力： 配重片重量不同，阻力也相应发生变化。

变化动作

器械跪膝拉力器收缩卷腹

此版本的变化动作中，不同器械所配置的绳子不同。有些器械提供腰部挡板，在运动过程中支撑下背部，阻力由头上方的拉力器产生。

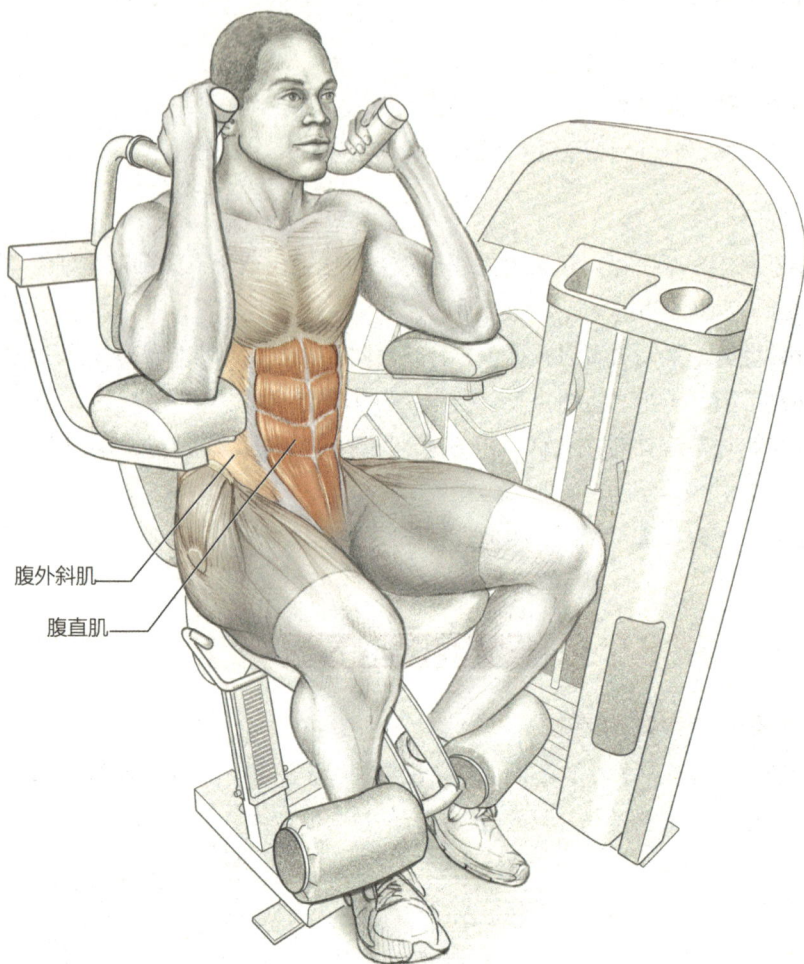

腹外斜肌

腹直肌

训练步骤

1. 坐立于卷腹器前，手握手柄，双脚置于脚踝挡板下方。

2. 向下卷腹，上半身向膝盖方向屈体。

3. 还原到初始姿势。

涉及的肌肉

主要肌群: 腹直肌

辅助肌群: 腹外斜肌、腹内斜肌、前锯肌

训练要点讲解

手部姿势: 根据不同的器械设计,双手可以握住脑侧的手柄或置于胸前的挡板上。

足部姿势: 同样,根据不同的器械设计,双脚可以放在地面或钩住脚踝挡板的下方。

身体姿势: 有些器械上手柄会提供一定的阻力,但是其他器械上的阻力会通过胸板来传递。

运动范围: 上半身应该由垂直姿势变为几乎与地面平行的状态。

阻力: 根据不同的器械设计,可以通过握住手柄或移动胸板来移动配重片。通过调节配重片的重量来产生不同的阻力。

变化动作

带胸板器械卷腹

一些腹部训练器械上,阻力由胸板产生,而非手柄。

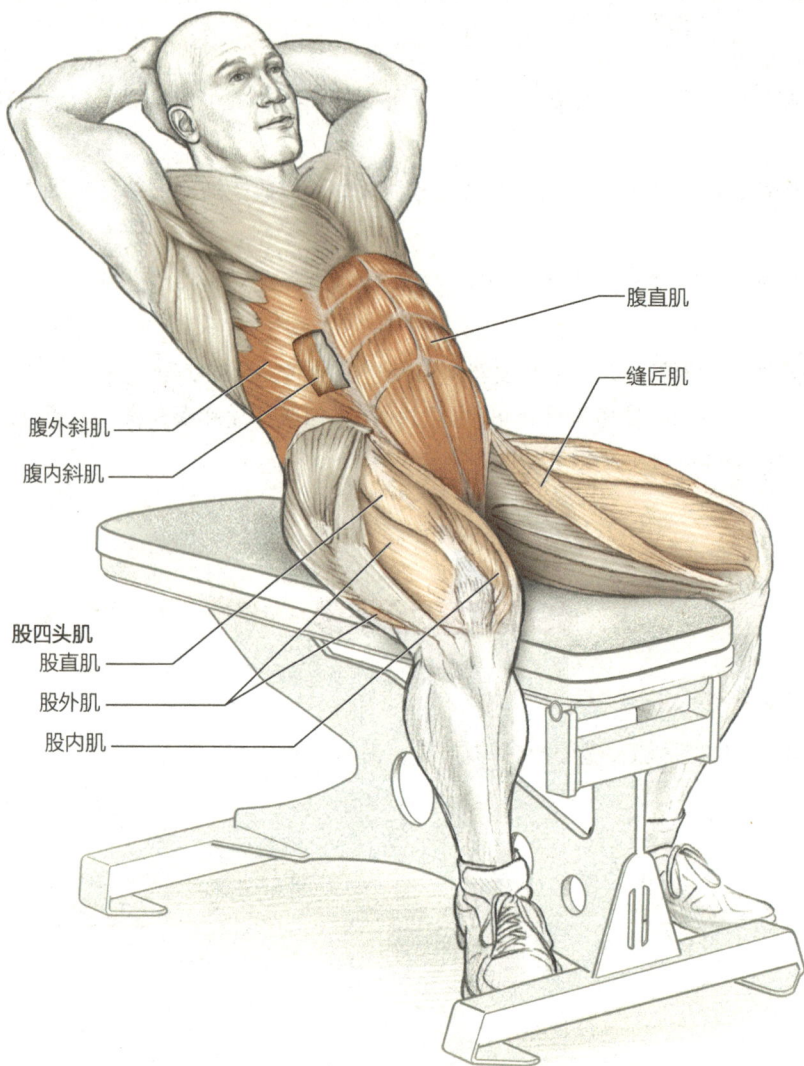

腹直肌

缝匠肌

腹外斜肌

腹内斜肌

股四头肌

股直肌

股外肌

股内肌

训练步骤

1.垂直坐立于仰卧起坐器上，膝盖弯曲，确保双脚在挡板下方。

2.向后倾倒身体，使上半身几乎与地面平行。

3.通过弯曲腰部，还原到初始姿势。

涉及的肌肉

主要肌群： 腹直肌、腹外斜肌、腹内斜肌

辅助肌群： 股四头肌（股直肌、股内肌、股外肌、股中间肌）、臀屈肌（缝匠肌、髂腰肌）

训练要点讲解

身体姿势： 垂直坐立于仰卧起坐器上，膝盖弯曲成90度。

足部姿势： 确保双脚在滚筒挡板下方支撑身体。

手部姿势： 双手可以相握于下背部后方，或交叉于胸前或抱于脑后。随着双手由背后到胸前再到脑后，阻力相对不断增加。

运动范围： 初始姿势时，上半身尽量与地面垂直，运动过程中向后倾倒的角度也应该控制在60度至90度之间。若身体过分向前或向后，腹部的紧张感会相应减少。

阻力： 运动时，可以通过在胸前增加配重片来增大运动阻力。

变化动作

坐姿转体仰卧起坐

此版本的变化动作中，在坐式仰卧起坐的基础上增加了转体动作，以此来增加斜肌的收缩。在仰卧起坐的过程中，转动躯干右臂肘关节向左膝转体，之后还原到初始姿势。在后续的重复练习中变换方向，左臂肘关节向右膝转体。

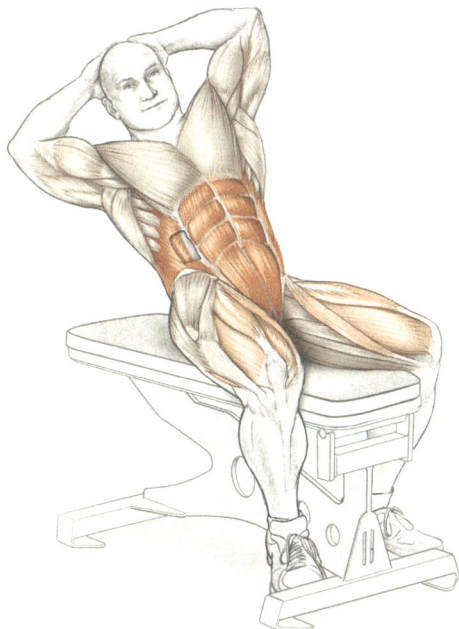

上腹部

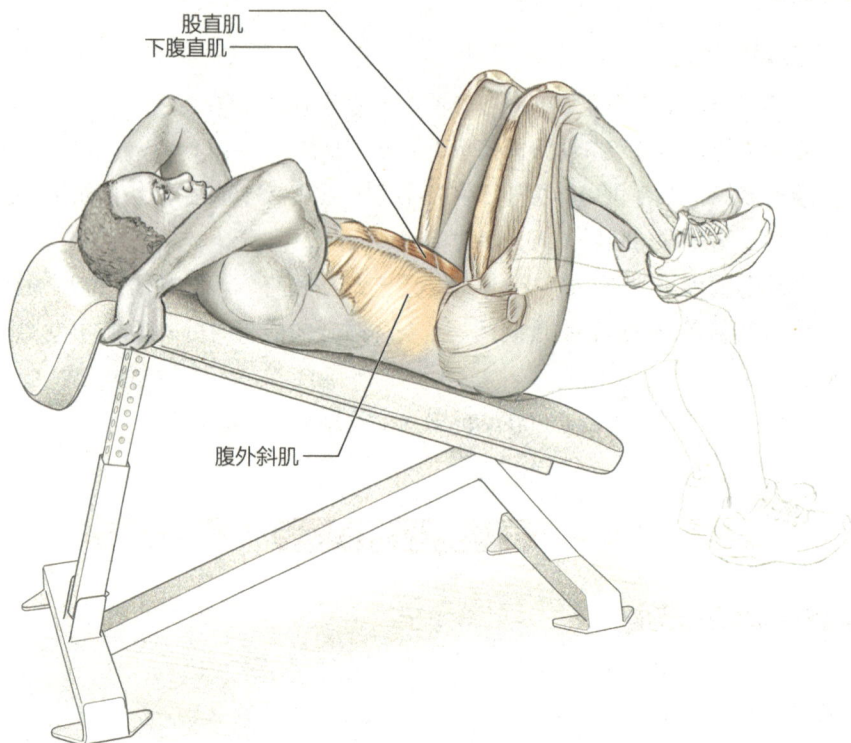

股直肌
下腹直肌

腹外斜肌

训练步骤

1. 仰卧于腹部训练斜椅上，双腿自然下垂，双手于脑后上方握住斜椅（如图所示）。

2. 在臀部位置朝胸部位置上拉大腿，运动时始终保持膝盖微屈。

3. 缓慢放下双腿，还原到初始姿势。

涉及的肌肉

主要肌群： 下腹直肌

辅助肌群： 腹外斜肌、腹内斜肌、股直肌、髂腰肌

训练要点讲解

手部姿势： 双手抓住长椅或头上方的手柄来支撑和稳定身体。

足部姿势： 合并双腿，膝盖始终保持微屈。

身体姿势： 运动时保持上半身不动。抬起双腿时，轻微抬起盆骨来加大下腹肌的收缩力度。

运动范围： 为了在运动时加大肌肉的收缩力度，运动时尽量将膝盖向高处（胸部）抬。同时为了保持腹肌的紧张感，双腿应该齐上齐下，尽量不要接触地面。

轨迹： 斜椅的角度大小会对运动强度产生影响。角度越大练习越困难。

阻力： 运动时可以通过减小斜椅的倾斜角度来降低运动阻力。相反，通过增加斜椅的倾斜角度来增加运动阻力。

变化动作

哑铃上斜仰卧起腿

为了增加运动阻力，此版本的变化动作中增加了哑铃。运动时双脚夹住哑铃进行锻炼。

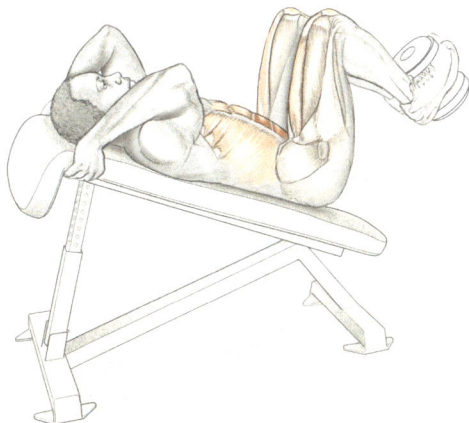

上
腹
部

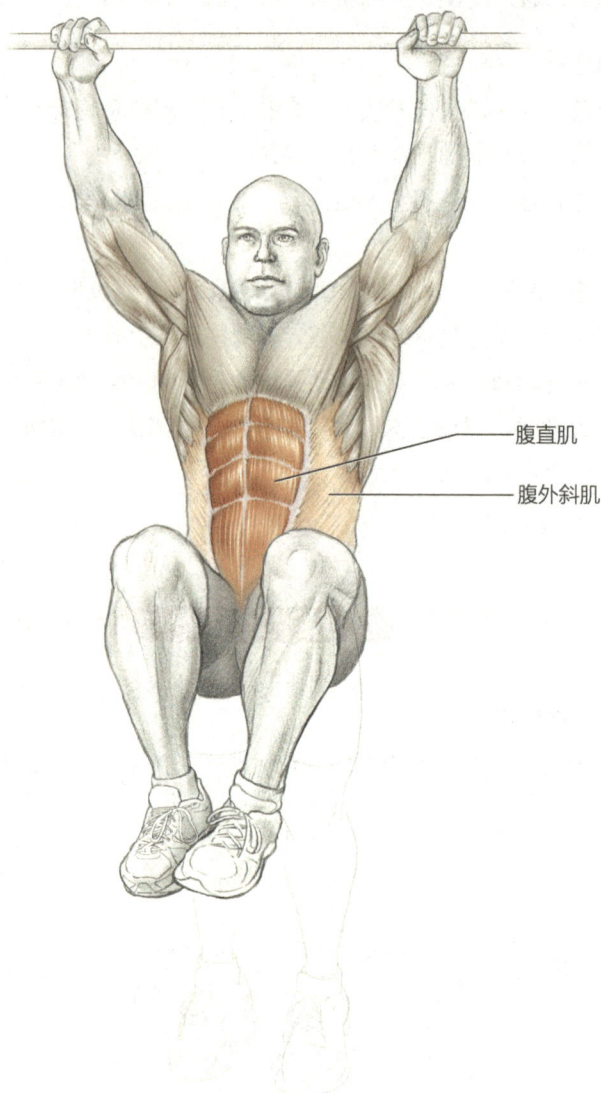

腹直肌

腹外斜肌

训练步骤

1. 手握单杠（正握式）或双臂肘关节置于一对腹肌吊索上（与单杠相连，支撑身体重量）。双腿自然下垂。

2. 同时向胸部方向抬起双膝，保持双膝微屈。

3. 缓慢放下双腿，还原到初始姿势，注意身体不要产生晃动。

涉及的肌肉

主要肌群：腹直肌

辅助肌群：腹外斜肌、腹内斜肌、髂腰肌、股直肌

训练要点讲解

手部姿势：双手与肩同宽握住单杠，双臂自然伸直。或用一对支撑上臂的臂套。

足部姿势：双腿合并，膝盖微屈。

身体姿势：身体悬于单杠下，与地面垂直，

运动范围：尽量抬高双膝增大肌肉的收缩程度。在下垂双腿的过程中，保持膝盖微屈以维持腹部肌肉的紧张感。

轨迹：抬腿的过程中同时将盆骨抬起有助于下腹肌的收缩。

阻力：在进行此练习时，双腿伸直会增加运动难度。因此，膝盖越弯曲，运动越容易。

变化动作

垂直抬腿

在垂直抬腿器前，后背可以靠在靠背上来支撑身体，同时双肘置于挡板上。这样可以有效防止运动过程中双腿抬起放下带来的身体晃动。

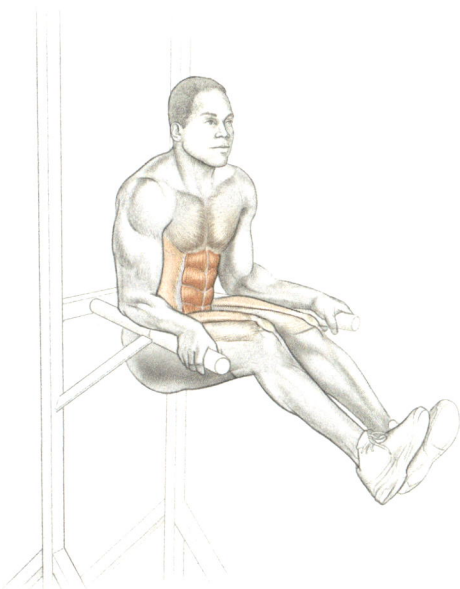

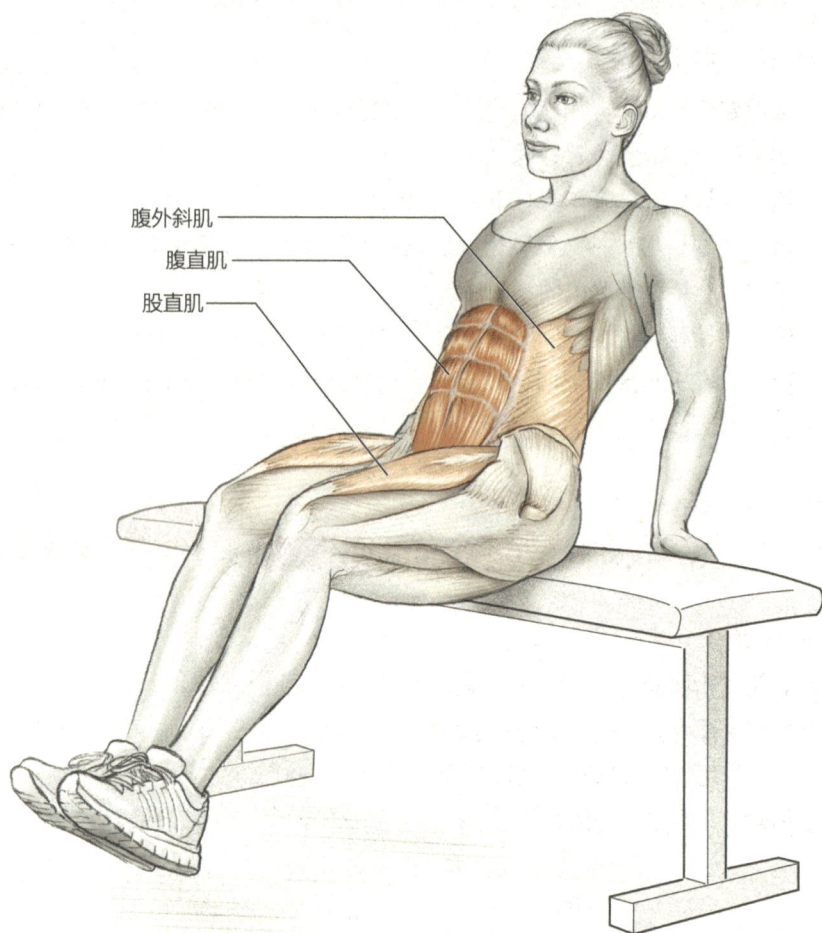

腹外斜肌

腹直肌

股直肌

结束姿势

训练步骤

1. 坐于长椅上，双腿下垂，膝盖轻微弯曲。双手握住后方长椅（如图所示）。

2. 向胸部提膝，两腿同时抬起。

3. 缓慢放下双腿，脚跟几乎着地时停止（如图所示结束动作）。

涉及的肌肉

主要肌群： 腹直肌

辅助肌群： 腹外斜肌、腹内斜肌、髂腰肌、股直肌

训练要点讲解

手部姿势： 双手可以握住后方的长椅来支撑身体。

足部姿势： 保持膝盖微屈，双腿齐上齐下。

身体姿势： 身体轻微后仰，与长椅成 45 度至 60 度角。在初始姿势时，双脚可以着地来稳定姿势。

运动范围： 向上提膝，直到大腿几乎触及腹部。在放下双腿的过程中，脚跟几乎接近地面前稍作停顿，来保持肌肉的紧张感。

轨迹： 身体轻微后仰，来增加运动范围。

阻力： 双脚脚踝间夹住一小哑铃可以增加运动阻力。

反向卷腹或仰卧屈膝收腹

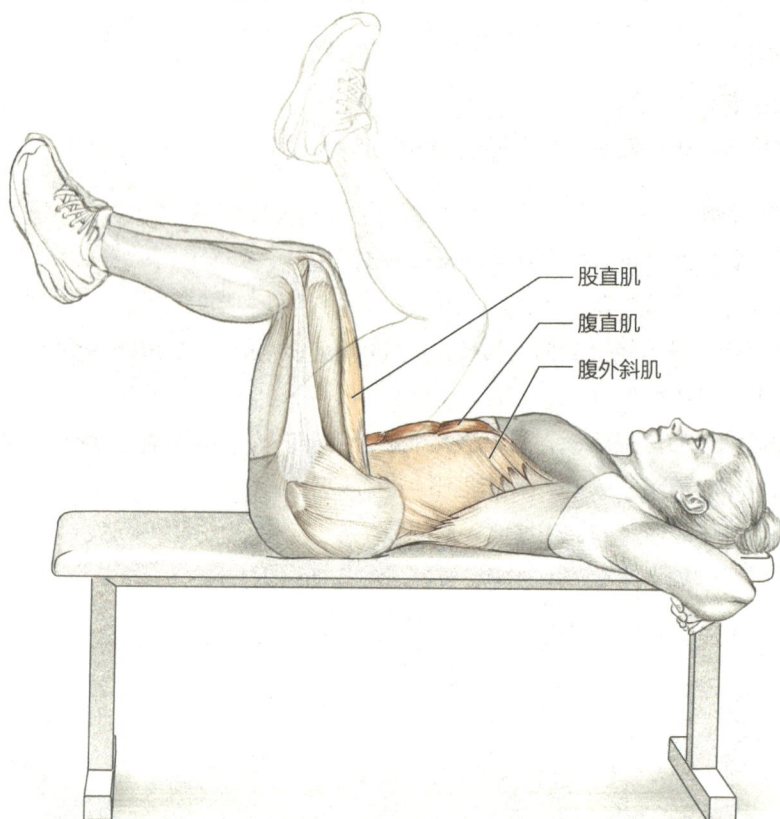

股直肌

腹直肌

腹外斜肌

训练步骤

1. 仰卧于长椅上，弯曲双膝成 90 度。手握脑后长椅支撑身体。

2. 抬起盆骨，直到双脚向上到达上限。

3. 放下双腿，还原到初始姿势。

涉及的肌肉

主要肌群：腹直肌

辅助肌群：腹外斜肌、腹内斜肌、臀屈肌（髂腰肌、股直肌）

训练要点讲解

手部姿势：双手握于脑后的长椅上来支撑身体。

足部姿势：在初始姿势时，大腿应该保持与地面垂直，小腿与长椅平行，这样才能保证膝盖和臀部位置都保持90度。运动时双腿双脚并拢。

身体姿势：保持上半身不发生位移。

运动范围：抬起盆骨时，有利于下腹肌的收缩，尽量抬腿，直到到达极限高度。

安全提示：如果运动时在长椅上很难保持平衡，那么此动作可以在地面完成。

变化动作

髋关节屈伸器

在髋关节屈伸器上，阻力主要通过大腿下半部分的束带来传递。

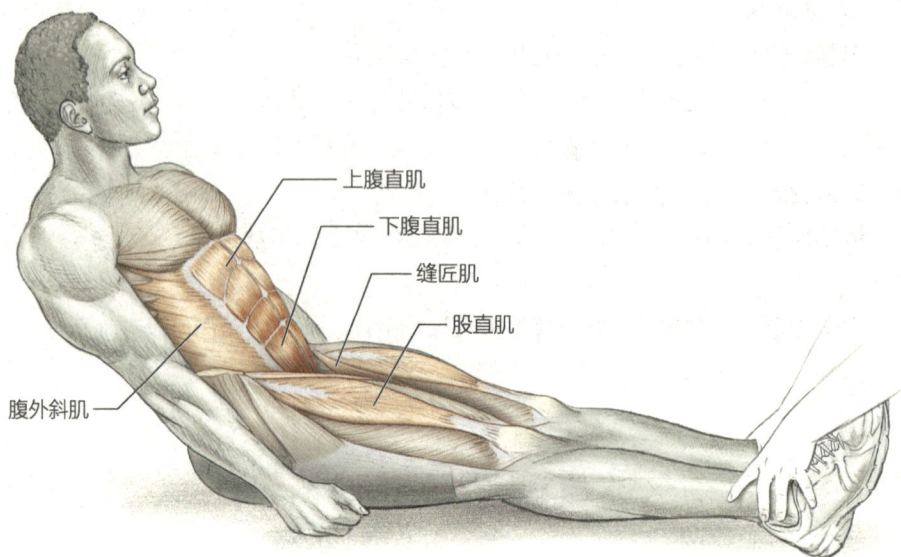

上腹直肌

下腹直肌

缝匠肌

股直肌

腹外斜肌

训练步骤

1.仰卧于地面，双腿伸直，双手自然放于体侧，双脚固定在地面（如图所示，可由他人协助完成）。

2.后背挺直，抬起上半身直到双手到达膝盖位置。运动时双手在大腿两侧滑动。

3.缓慢后倾上半身，还原到初始姿势。

涉及的肌肉

主要肌群：下腹直肌

辅助肌群：腹外斜肌、腹内斜肌、上腹直肌、臀屈肌（缝匠肌、髂腰肌、股直肌）

训练要点讲解

运动范围: 脊柱挺直,上半身抬离地面。肩部抬离地面约 6 ~ 12 英寸(15 ~ 30 厘米),双手自然触及膝盖。此动作只能发生在腰部及臀部,与卷腹动作相反,卷腹动作发生在上脊柱。

身体姿势: 双腿始终伸直。膝盖后方以及脚跟在整个运动过程中与地面接触,不可抬离。

足部姿势: 确保双脚在滚筒挡板下或处于一个相对可以支撑身体的位置。也可以由他人协助,按压脚踝完成此动作。

手部姿势: 双臂自然放于体侧,运动时双手在两大腿外侧自然滑动。运动结束时,双手应该正好触及膝盖来保证下腹部肌肉的紧张感。

阻力: 可以双手抱于脑后或在胸前增加配重片来增加运动的困难程度,从而加大运动阻力。

上腹部

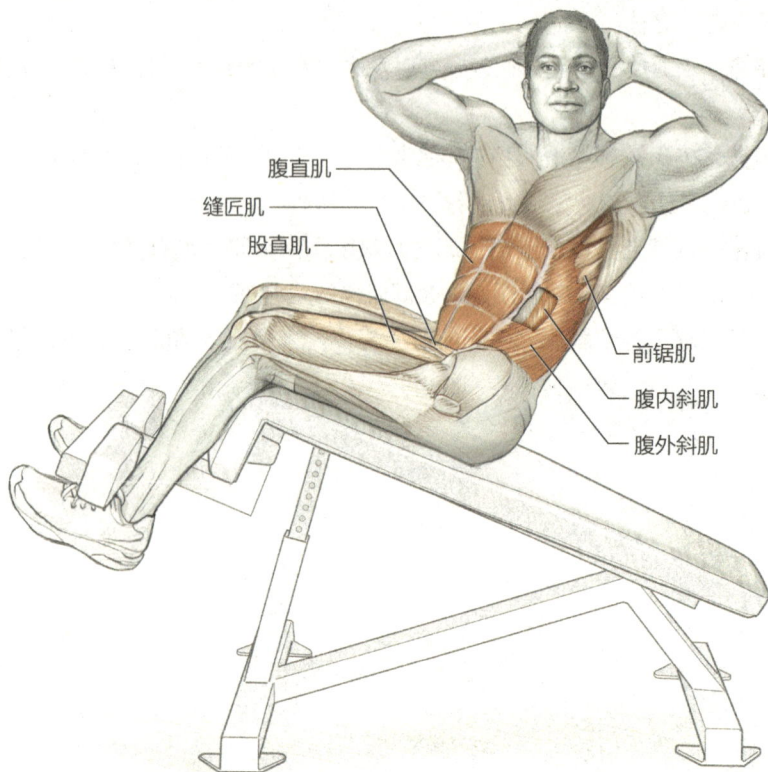

腹直肌

缝匠肌

股直肌

前锯肌

腹内斜肌

腹外斜肌

训练步骤

1. 坐立于斜椅上，双脚钩住下方的挡板，身体后倾，双手抱于脑后。

2. 坐立起身后，身体扭转，右臂肘关节向左膝方向扭转。

3. 向后倾倒，还原到初始姿势。在下一个重复练习时，沿反方向扭转身体，即左臂肘关节向右膝扭转。

涉及的肌肉

主要肌群： 腹直肌、腹外斜肌、腹内斜肌

辅助肌群： 前锯肌、臀屈肌（缝匠肌、髂腰肌、股直肌）

训练要点讲解

手部姿势： 双手抱于脑后。

足部姿势： 确保双脚位于滚筒挡板下方，或处于类似的支撑位置。

身体姿势： 膝盖弯曲，减少下背部压力。

运动范围： 转体时，上半身应该保持与斜倚垂直的角度，一侧肘关节几乎触及另一侧膝盖。大腿几乎与地面平行，大约四分之三的状态。若身体后仰角度过大，腹部肌肉相对放松，此时下背部的压力增大。

轨迹： 斜椅倾斜角度越大，运动难度越大。

阻力： 运动时，可以通过加大斜椅倾斜角度或双手于脑后握一配重片来增加运动阻力。

变化动作

坐姿转体

坐立与长椅边缘，双手握一长棍于颈后。扭转上半身，左右各一次。向右转体时，能够感受到右侧斜肌收缩；反方向，同理。

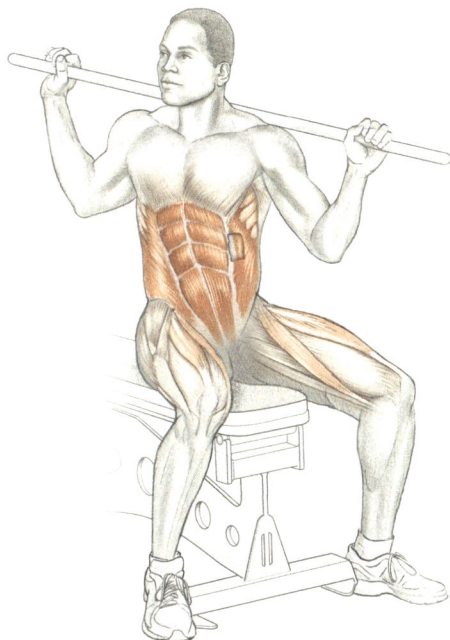

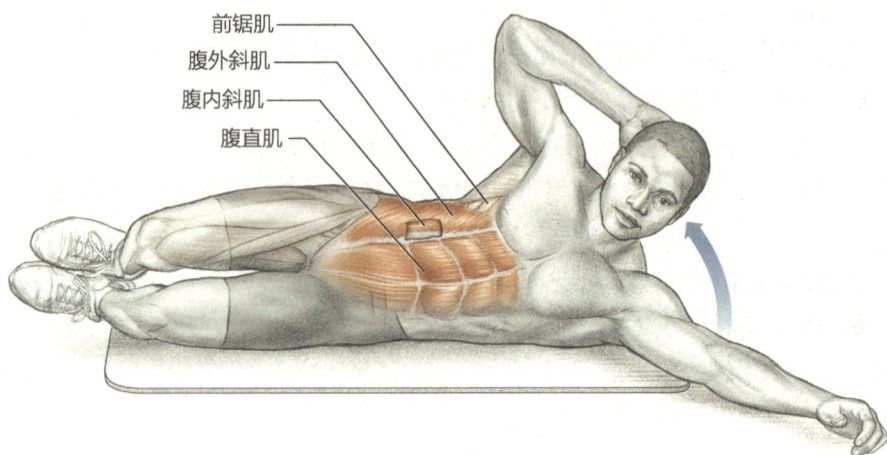

前锯肌
腹外斜肌
腹内斜肌
腹直肌

训练步骤

1. 侧卧于地上，两腿并拢，膝盖弯曲，右手位于头上方（如图所示）。
2. 缓慢抬起上半身，收缩右侧斜肌。
3. 身体还原到初始姿势。

涉及的肌肉

主要肌群： 腹直肌、腹外斜肌、腹内斜肌

辅助肌群： 前锯肌

训练要点讲解

手部姿势： 上侧手抱于脑后，另外一只手在体侧伸展或置于膝盖上保持平衡。不要用手将颈部撑起。

足部姿势： 调整双脚位置，使得臀部与膝盖成 90 度角。双腿并拢。

身体姿势： 身体向左侧卧有助于右侧斜肌的练习，向右侧卧则有助于左侧斜肌。此练习需要在缓冲垫上完成。

运动范围： 上半身上抬，抬离地面约 30 度至 45 度角位置。

<table>
<tr><td>变化动作</td></tr>
</table>

斜椅斜肌卷腹

此版本的变化动作采用倾斜腹肌椅来完成。双脚固定在支撑板上，同时一侧臀部靠在挡板上。身体上侧手抱于脑后，通过向上抬起上半身来进行卷腹练习。

器械斜肌卷腹

完成此练习，需要侧身（单次单侧）坐于卷腹器上，单次单侧进行练习。

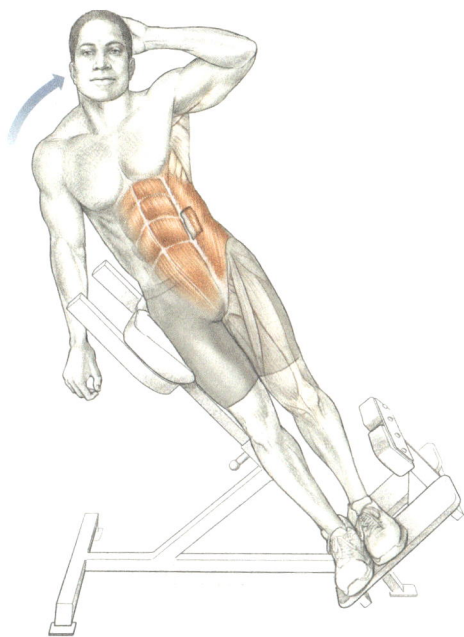

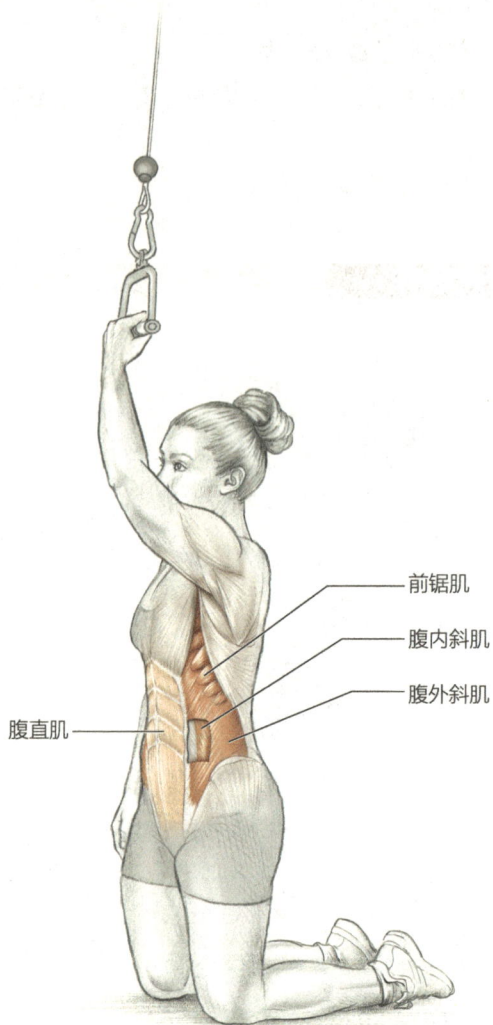

前锯肌

腹内斜肌

腹外斜肌

腹直肌

结束动作

训练步骤

1. 手握 D 型手环，拉力器固定在高处。
2. 向下进行卷腹练习，一侧肘关节朝向另一侧膝盖处下拉。
3. 缓慢还原到初始姿势。

涉及的肌肉

主要肌群： 腹外斜肌、腹内斜肌、前锯肌

辅助肌群： 腹直肌

训练要点讲解

手部姿势： 单手握手环，手环可位于头上方或头的一侧。

足部姿势： 此版本的练习可以选择站立式、坐式或跪立式来完成。

身体姿势： 练习时可以根据个人习惯选择面对或背对配重片。

运动范围： 身体从与地面垂直的姿势变为几乎与地面平行。

阻力： 可以通过调节配重片的重量来变化运动阻力。

变化动作

拉力器立式斜肌卷腹

站立于配重片一侧，手握 D 型手环，拉力器固定在高处。向下卷腹，一侧肘关节向同侧髋关节方向下拉。

绳斜肌卷腹

双手握住绳子，卷腹的同时分别向两侧转体各一次。此动作主要针对斜肌进行锻炼，类似于转体仰卧起坐。

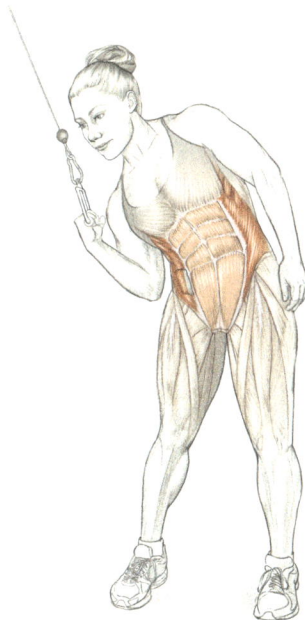

哑铃侧弯

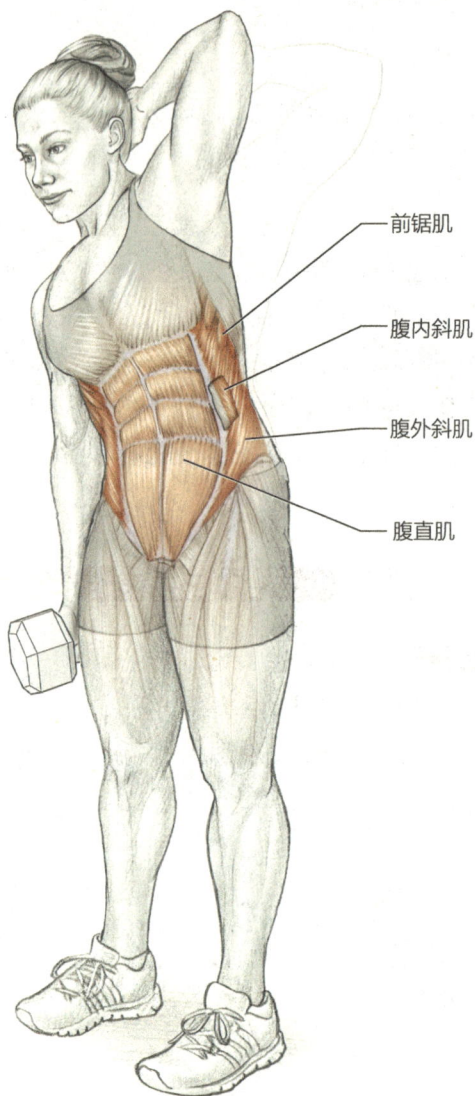

前锯肌

腹内斜肌

腹外斜肌

腹直肌

训练步骤

1. 身体直立，右侧手握一哑铃，左侧手抱于脑后。

2. 向右侧弯曲身体，向右侧膝盖方向降低哑铃高度。

3. 直立身体，还原到初始姿势，收缩左侧斜肌。

涉及的肌肉

主要肌群： 腹外斜肌、腹内斜肌、前锯肌

辅助肌群： 腹直肌、腰方肌

训练要点讲解

手部姿势： 手握哑铃，手臂自然下垂于体侧，另一侧手抱于脑后。

足部姿势： 身体直立，两脚分开与胯同宽。

身体姿势： 身体向右侧弯曲时，主要针对左侧斜肌进行锻炼；另一方向，反之。

运动范围： 身体弯曲大约成 45 度或弯曲到哑铃几乎到达膝盖高度。

轨迹： 身体应该直接向一侧弯，不要向前或向后倾斜。

阻力： 避免使用过重的哑铃。过度锻炼斜肌会使腰部显得笨重。

上腹部

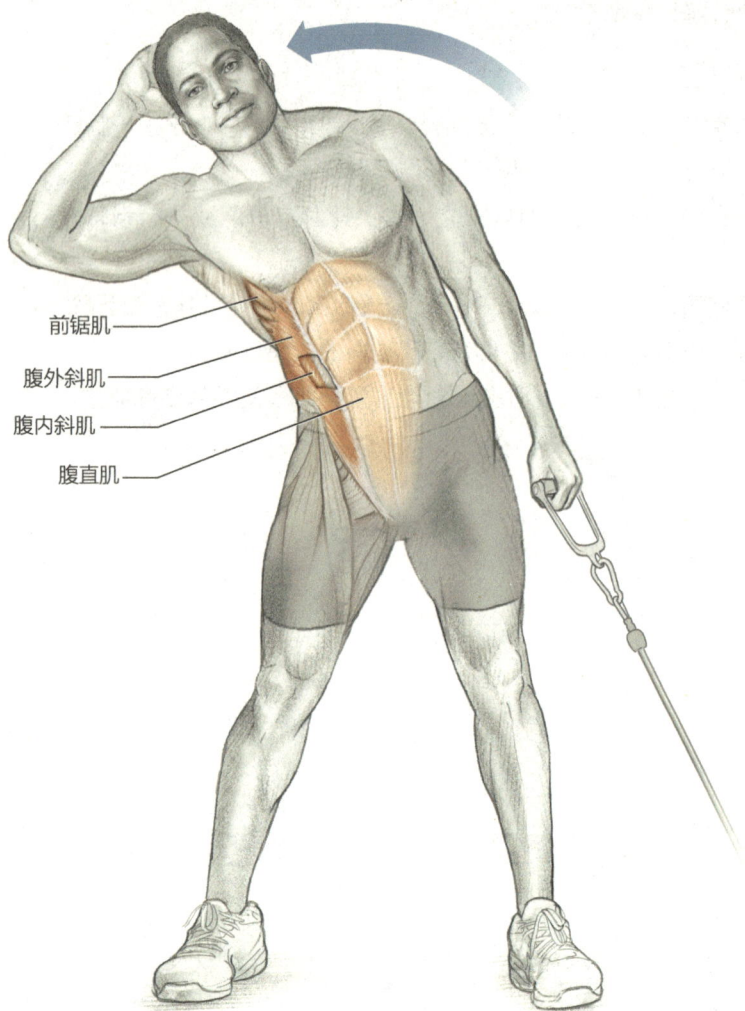

前锯肌

腹外斜肌

腹内斜肌

腹直肌

训练步骤

1 身体直立，左手握 D 型手环，拉力器固定在身体左下方。

2. 右手抱于脑后，向右侧弯曲身体，收缩右侧斜肌。

3. 身体直立，还原到初始姿势。

涉及的肌肉

主要肌群：腹外斜肌、腹内斜肌、前锯肌

辅助肌群：腹直肌、腰方肌

训练要点讲解

手部姿势：手握 D 型手环，拉力器固定在低处，一只手自然下垂握住手环，另一只手抱于脑后。

足部姿势：身体直立，双脚比胯稍宽。此练习的手臂和双腿姿势类似于四角星。

身体姿势：距离拉力器稍远的地方站立，这样保证手臂处于伸展的状态。右手握配重片时，左侧斜肌得到锻炼；反向，反之。

运动范围：练习时，身体应该直接向一侧侧弯，角度约为 60 度，面对镜子时，介于 10 点和 12 点之间。在进行反方向练习前，也可以向重力片方向弯曲来拉伸斜肌。

轨迹：身体应该直接向一侧侧弯，不能向前或向后倾斜。

阻力：可以根据自身能力调节配重片重量，从而调整运动阻力。使用较重的配重片时需要小心，过度锻炼斜肌会使腰部显得笨重。

哑铃仰卧上拉

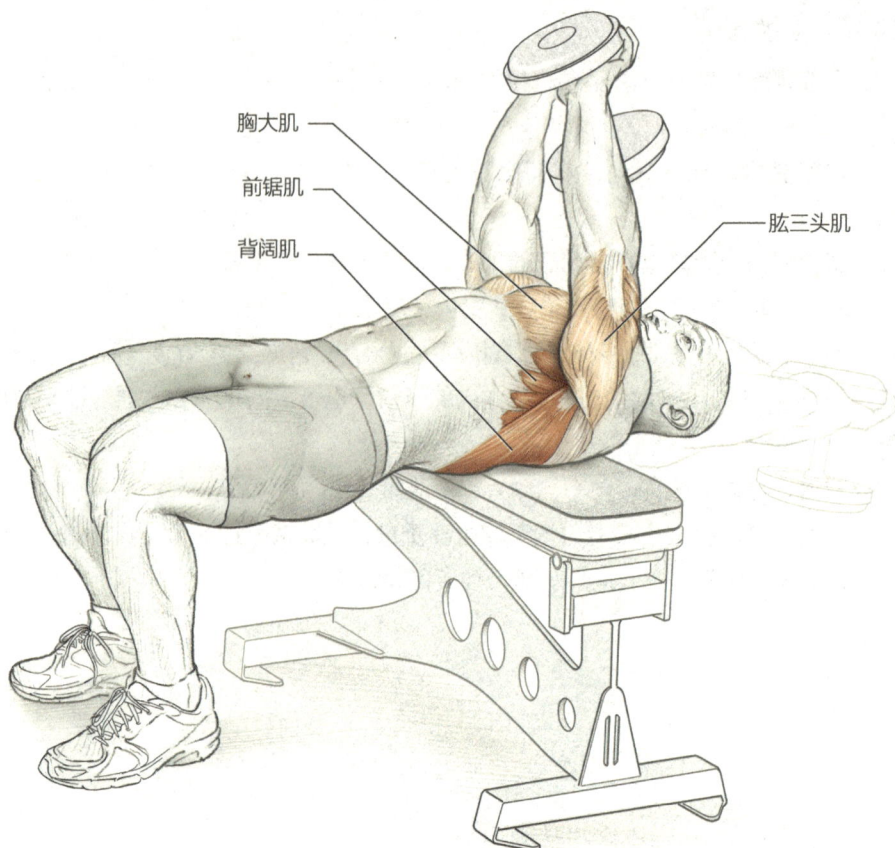

胸大肌

前锯肌

背阔肌

肱三头肌

训练步骤

1. 上背部靠在长椅上仰卧。手臂伸直，双手于胸前握住哑铃。

2. 手臂向后向下方伸直，使得哑铃到达长椅高度，深深吸气尽量扩展胸腔。

3. 将哑铃拉起，还原到垂直姿势，同时呼气。

涉及的肌肉

主要肌群：前锯肌、背阔肌、肋间肌

辅助肌群：胸大肌、胸小肌、肱三头肌

小贴士：

此练习主要加强前锯肌力量，但不会直接刺激斜肌。但此练习仍包括在斜肌练习中，主要因为前锯肌在大部分的斜肌练习中都参与运动。

训练要点讲解

握式： 双手手握哑铃，两掌心握住哑铃配重片内侧，食指和拇指在横杠周围形成钻石形。

身体姿势： 在运动过程中身体始终保持挺直并与地面平行，上背部置于长椅上，双脚踏地，保持身体平衡。

运动范围： 哑铃的运动角度大约为 90 度。手臂向后伸展时，主要目的在于胸腔的拉伸。

阻力： 此项练习中，不要使用过重的哑铃，以免对肩关节造成损伤。

上腹部

━━━━ ◀ 变化动作 ▶ ━━━━

杠铃或器械上拉

此版本的变化动作中将哑铃换成杠铃，或在器械上进行练习。

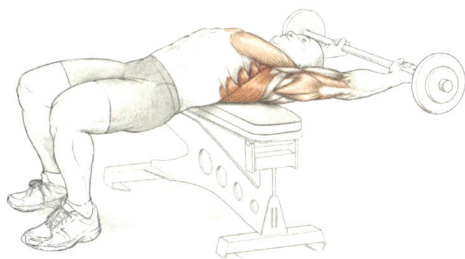

练习索引

肩部

胸部

背部

手臂

腿部

腹部